프로그램 평가와 로직모델

Joy A. Frechtling 저
지은구 · 장현숙 · 정효미 공역

학지사

Logic Modeling Methods in Program Evaluation
by Joy A. Frechtling

역자 서문

2007년에 출간된 Joy A. Frechtling의 『프로그램 평가와 로직모델(Logic Modeling Methods in Program Evaluation)』은 로직모델을 설명해 주는 교과서적인 책이다. 로직모델은 프로그램 평가를 위해 활용하는 매우 기본적인 도구다. 이 책은 특히 교육 영역의 사례를 주로 활용하여 로직모델의 설계 및 활용 방법을 제시하고 있지만, 교육 영역 이외의 인간봉사 전 영역, 즉 보건 및 사회복지 분야에서도 그 중요성을 인정받고 있다. 특히 사회복지 분야 프로그램에서 대부분이 프로그램 설계단계부터 로직모델을 적용하고 있다. 설계단계에서 로직모델을 적용하면 평가단계에서는 보다 손쉽게 로직모델에 근거한 프로그램 평가를 수행할 수 있기 때문에 매우 바람직한 현상이라고 할 수 있다.

역자는 개인적으로 프로그램 평가에서 로직모델의 중요성을 강조해 왔다. 하지만 실제로 평가 작업을 수행하다 보면 로직모델을 자신의 평가모델로 활용하는 집단이나 조직은 매우 드물었다. 또한 대부분 로직모델에 대한 완벽한 이해나 지식 없이 그것을 기계적으로 평가에 적용하는 경우를 수도 없이 많이 보았다. 평가는 평가를 위한 기본 틀이 있는 경우와 없는 경우가 매우 다르게 나타난다. 평가는 창조적인 작업이지만, 기본 틀을 가지고 평가를 하는 것은 평가에 나타날 수 있는 오류를 조금이나마 줄이는 데 도움을 준다는 점에서 매우 필요하다고 할 수 있다.

로직모델의 활용은 프로그램 평가를 뛰어넘어 조직평가의 전 영역에 빠르게 전파되고 있으며, 확대된 로직모델은 이미 조직성과 관리를 위한 기본 모델로 활용되고 있다. 조직성과 측정 모델인 BSC 모델은 최근 로직모델을 적용하여 조직 구성요소를 체계적으로 분류하고, 조직 내외적인 상황변수를 고려하며, 구성요소 간의 인과관계를 중요시하고 있다. 또한 성과 측정에서 로직모델의 적용은 성과 측정이 선순환적인 과정임을 강조하고 있다. 따라서 성과 측정, 나아가 성과 관리를 위해서도 로직모델에 대한 기본적인 이해를 높이고 활용 가능성을 모색하는 것이 절실하다고 할 수 있다.

기본적으로 로직모델을 적용하여 프로그램을 설계하고, 특히 프로그램을 평가하는 것은 매우 어려운 작업이라고 할 수 있다. 실천적인 경험과 지식이 없다면 현실적으로 로직모델을 적용하는 것은 불가능하다. 로직모델을 프로그램 평가에 활용하기 위해서는 로직모델을 설명하는 교재의 활용이 중요하지만, 현재 로직모델을 설명해 주는 교재는 우리나라는 물론이고 영어권의 나라에서도 극히 소수에 불과하다. 물론 로직모델에 대한 논문들은 많이 소개되고 있지만, 그것의 활용을 구체적으로 제시해 주는 교재는 드물다. 이런 현실을 감안하면 이 책의 출간은 로직모델을 이해하고 활용하기 위한 실천가들이나 로직모델에 관심이 있는 평가자들에게 매우 귀중한 지침서가 될 것이라고 믿어 의심치 않는다.

2012년 3월

지은구

저자 서문

이 책은 로직모델(logic model)이라 불리는, 그리고 로직모델링의 과정과 관련되어 광범위하게 유용한 도구를 소개한다. 이 책을 통해 독자들은 로직모델을 소개받고 그것을 어떻게 사용하는지 배우게 될 것이다. 각 장의 소개에 앞서 이 책의 목적과 도구를 이용할 수 있는 사용자들의 유형을 개괄하면 다음과 같다.

이 책은 독자들에게 로직모델이 어떻게 크고 작고, 단순하며 복잡한 프로그램을 평가하는지에 대해 알려 줄 수 있는지를 보여 준다. 단계적인 안내보다 실질적인 참고가 되도록 유용하고 타당한 평가를 위해 로직모델을 개발하고 사용하며 수정하는 큰 틀을 보여 줄 것이다. 이런 목표와 함께 로직모델 사용의 강점뿐만 아니라 그것을 효과적으로 사용할 수 있도록 해 볼 것이다. 로직모델은 매우 유용한 도구가 된다는 것은 사실이지만, 잘못 사용하거나 부적절한 방법으로 사용될 가능성도 있다.

이 책의 우선적인 독자는 새로운 학습자와 접근법에 대해 좀 더 알기 원하는 경험이 있는 실천가들인 평가자들이다. 오늘날 로직모델은 교육, 보건 그리고 지역사회 변화운동에서 가장 대중적인 만큼 평가가 필요한 거의 모든 영역에 적용될 수 있다. 하지만 로직모델을 만드는 것은 평가의 모든 유형과 조화될 수는 없다. 왜냐하면 어떤 방법론들과 평가체계들은 이 도구의 기반이 되는 가정들과 잘 조화되지 않는 경우가 있기 때문이다.

두 번째 독자는 정책입안자들, 기금제공자들, 그리고 평가자들과 함께 일하는 프로그램 관리자들이다. 이런 집단들은 비록 평가 과정의 직접적인 수행자들이 아닐지라도 로직모델을 이해함으로써 이익을 얻을 수 있다. 더 나아가 우리는 로직모델이 평가를 넘어 활동에 적용될 수 있음을 보아 왔고, 이 광범위한 이해관계자들이 그 접근법을 위하여 특별한 방법들을 찾을 것이라 믿는다. 로직모델은 전략적 기획, 팀 설계 또는 프로그램 설계에서 여러 가지 방법으로 사용될 수 있다.

마지막으로, 이 책은 실제 수행하는 데 유용하다는 것을 이해하는 것이 중요하다. 로직모델의 이론적 토대를 강조하고는 있지만, 이 책의 주요 목적은 로직모델의 사용을 기술하고 설명하는 것이지 평가이론에 대한 접근법을 세우려는 것은 아니다. 따라서 모범적으로 수행된 평가 작업부터 낮은 수준으로 수행된 평가 작업까지 많은 사례를 보여 주려고 노력하였다.

감사의 글

이 연구는 Jossey-Bass에서 Andy Pasternack과 Seth Schwartz의 안내와 큰 지원을 받았다. 또한 Westat의 나의 동료인 Xiaodong Zhang, Brian Kliener, Gary Silverstein이 이 책에 자신들의 연구를 사례로 사용하도록 허락한 것에 대해 대단히 감사한다. 마지막으로 평가 워크숍의 범위 개발에서 이 책의 내용에 크게 영향을 미친, Westat의 또 다른 동료 Amber Winkler에게도 감사한다.

차례

01

평가와 로직모델

로직모델(logic model)은 무엇을 측정하고 언제 측정해야 하는가의 정의를 내리고 확인하는 데 도움이 되는 강력하고 유용한 도구로서, 평가를 하는 데 밑바탕이 된다. 이 장에서는 로직모델을 만드는 데 필요한 다음과 같은 배경 지식을 제시한다.

- 로직모델의 아이디어를 소개한다.
- 프로그램 평가와 로직모델이 어떻게 평가를 뒷받침하는지에 대해 논의한다.
- 프로그램 이론이 기여한 바를 강조한다.
- 로직모델을 만드는 것이 체계 접근과 성과 관리라는 두 측면과 어떠한 관련이 있는지를 보여 준다.

이 같은 논의들의 목표(objective)는 정보 수집과 정보 생성을 위한 보다 넓은 범위의 상황(context)에 로직모델을 적용하는 것이다. 이 책의 나머지 부분에서는 가정 또는 가정의 편향을 설명한다.

1. 로직모델

로직모델이란 무엇인가? 기본적으로 로직모델은 개입, 생산, 정책에 잠재된 변화이론을 설명해 주는 도구다. 로직모델은 중요한 조건이 되는 상황과 함께 구성요인과 연관관계를 포함하는 요소체계를 통해 프로그램의 특성을 나타낸다. 비록 이 책에서는 평가를 위한 로직모델 사용을 설명하고 있지만, 실질적인 적용 범위는 훨씬 넓다. 이는 로직모델이 기획이나 관리 또는 교육적 개입에서부터 조직 재설계를 위한 교육이나 문제 해결에 이르기까지 무수한 활동을 문서화하기 위한 도구로 사용될 수 있다는 의미다.

최근에 로직모델은 평가의 영역에서 인기 있는 도구가 되었으며, 켈로그 재단(The Kellogg Foundation)은 로직모델의 으뜸가는 옹호자이자 전파자로서 인정받고 있다(2000년에 출판한 『기획, 평가, 활동을 위한 로직모델 사용하기(Using Logic Models to Bring Together Planning, Evaluation, and Action: Logic Model Guide)』 참고). 또한 교육부, 질병통제예방센터(Centers for Disease Control), 국립과학재단(National Science Foundation)과 같은 연방기관들도 모두 평가과정에 로직모델을 사용하고 있다.

로직모델을 만드는 과정은 하나의 프로그램 안에 있는 중요한 요소들을 설명하고, 평가의 어느 부분이 가장 중요한지 확인하기 위한 도구이자 접근방법이다. 로직모델은 사람과 사람들의 관계에서 사용되는 도구이기 때문에 사고의 유형을 전개하는 데 반드시 수행되어야 하는 기술과 실천이 필요하다.

로직모델은 고유한 '작동 규칙(rules of operation)'이 있지만, 이러한 규칙이 신중하게 적용되는가 혹은 기계적으로 적용되는가에 따라 결과는 매우 다르다. 실질적인 사고와 계약이 포함될 때, 그 결과는 아주 유익하면서도 다채로울 수 있다. 반면 기계적으로 적용된다면 지불 대가는 사실상 없는 것과 마찬가지라고 할 수 있다.

제3장에서는 로직모델을 자세히 검토해 보고 그것이 어떻게 발전했고 프로그램 평가에 어떻게 적용되었는지를 면밀히 조사할 것이다. 그 전에 이 장에서는 평가의 의미와 로직모델이 현재의 평가적 사고와 어떻게 적합한지를 보다 상세하게 고찰할 것이다.

2. 평가란 무엇인가

평가와 평가정보를 수집하는 접근방법들에 대해서는 많은 이론이 있다. Stufflebeam(2001)은 특히 훌륭한 22개의 평가 접근법을 확인하였다. 평가는 여러 차원에 따라 다를 수 있는데, 그것은 설계(실험적 · 준실험적 · 회귀불연속적 등), 의도(지지 대 객관적 사정), 철학적 기초(양적 대 질적) 등의 측면이다. 한편 평가는 일련의 과정 혹은 접근법이 아닌 일련의 활동이라 할 수 있다.

이 책에서는 평가가 무엇인가에 대한 어떠한 추론을 내린다기보다는 오히려 평가란 무엇을 하기 위해 의도된 것인가를 다룬다. 우리는 평가의 목적이 개입, 생산, 체계가 얼마나 잘 작동하는지를 파악하여 그에 대한 정보 생성이라는 가정에서 시작할 것이다. 평가에는 설명이 포함되지만, 평가의 속성상 그것이 다가 아니다. 평가란 다양한 렌즈를 통해 다양한 방식으로 무슨 일이 일어나고 있는지를 살펴보고, 발견된 것의 가치를 따져보는 것이다. 이때 '객관성(objectivity)'은 바르고 편향되지 않은 평가를 위한 올바른 기준으로서, 판단을 포함하는 모든 활동—사정하고, 해석하며, 가치를 부여하고, 이해 관련 집단에 개입하는—은 평가의 본질적인 구성요소다.

우리는 또한 평가가 궁극적 성공이나 실패에 대한 판단 이상의 것이라는 가정에서 시작한다. 이 가정에 따르면 주로 작동하였느냐 작동하지 않았느냐의 문제에 일차적으로 초점을 두고 1960년에 시작된 주요 정부 프로그램 평가에서 취해진 접근법 혹은 총괄평가(summative evaluation)라 불리는 것에 초점을 둔 것은 전통적인 평가다. 이러한 평가방법 대신에 우리는 평가란 진행되고 있는 프로그램으로서 미래의 개선이나 수정을 알려 주도록 설계되어야 한다고 생각한다. 활동과 과정 모두를 보는 것의 중요성을 인정하는 이러한 형성평가(formative evaluation)의 역할은 시간이 지남에 따라 점점 더 중요해지고 있다.

우리가 제안하는 평가의 정의는 무슨 일이 일어나고 있는가에 대한 판단을 제공하고, 형성적 및 총괄적 요소를 모두 포함하는 평가과정에 대한 두 가지 추가적 특성이 있다. 그것은 평가가 시작과 활동의 통합적 부분이어야 하며, 하나의 특별한 프로그램이 무엇에 관한 것인지 철저하게 이해하고 있어야 한다는 점이다. 이에 관해 살펴보면 다음과 같다.

첫째, 많은 사람이 평가가 하나의 특별한 목표가 달성되었는지의 여부만 가리는 것이라고 생각하기 때문에 대부분의 평가는 프로그램이 거의 끝날 무렵에 시작된다고 본다. 오늘날 대부분의 평가자들은 "제 프로그램이 2개월 후면 끝나는데 평가를 좀 해야겠습니다. 도와주실 수 있나요?"라며 부탁해 오는 절실한 피수여자 혹은 프로그램 관리자들에 관한 이야기를 많이 한다. 그러나 프로그램 개선을 위한 하나의 도구로서 그리고 진행 중에 궤도 수정을 위한 도구로서 평가의 사용이 급증하는 것을 볼 때, 우리는 기획단계에서부터 평가자를 포함함으로써 평가가 프로그램의 일부여야 한다는 것을 인지하게 되었다. [그림 1-1]은 프로그램 평가를 위한 기획과정을 보여 준다. 그림에서 보듯이, 평가는 실제 기획단계부터 활동 중인 각 단계마다 계속 피드백하는 과정이다. 기획을 시작할 때부터 평가적 사고를 적용함으로써 얻을 수 있는 강점은 점점 더 프로그램 개발자와 정책입안자들에게 인정받고 있다.

프로그램 평가에 평가자를 일찍 포함시키면 당신이 하고 싶은 질문에 답할 수 있는 기회가 많아지고, 중요한 변수들을 평가하는 적절한 척도를 발견하거나 개발할 수 있다. 또한 프로그램 영향력을 확인할 수 있는 기준 자료를 얻을 수도 있는데, 이는 상당히 중

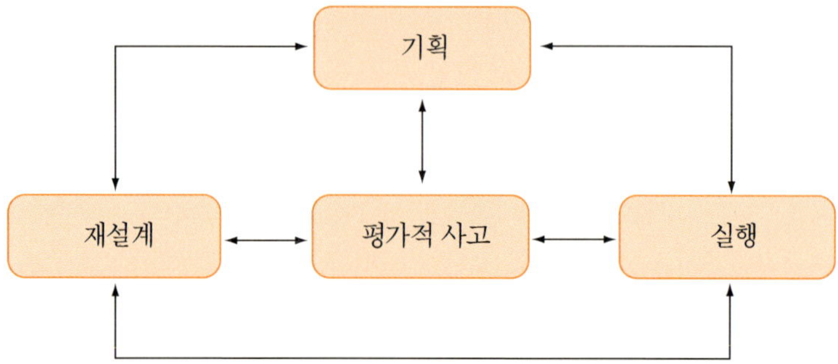

[그림 1-1] 평가적 사고의 역할

요한 문제다. 당신이 연구하고 있는 것이 역사적 기록을 통해 기계적으로 포착되지 않는다면, 연구가 시작된 후에 기준 자료를 다시 만드는 것은 거의 불가능하다. 나아가 자료가 기록 속에 보존되는 형태는 당신의 질문을 해결하는 데 필요한 유형이 아닐 수도 있다.

둘째, 결과(outcome)가 중심이 되는 평가에서 평가자가 목적(goals)에 도달하기 위해 프로그램이 어떤 방법으로 기여했는지 알지 못해도 목적의 성취 정도를 사정하는 것은 가능하다. 예를 들어, 치료가 학생의 중퇴율을 감소시켰는지 알고 싶을 때, 적절한 평가 설계하에 충분히 개입 전후의 중퇴율을 측정하면 어떤 기준이나 통제집단에 대하여 변화를 비교할 수 있다. 그러나 형성평가를 시행하는 평가자들은 프로그램이 무엇에 대한 것이며, 그것에 내재된 가정이나 이론은 무엇인지를 자세히 알고 이해해야 한다. 성공적인 형성평가를 수행하기 위해 그리고 개선을 위한 정보를 산출하기 위해 개입이나 수정에 내재된 논리를 적절하게 이해해야 한다. 중퇴예방 프로그램(drop-put prevention program)을 평가할 때, 평가자는 개입과정의 중요한 특징들, 즉 발생 예상 경과시간, 학생들의 참여와 개입 여부 등을 알아야 할 필요가 있다. 대부분의 평가에서 평가자가 해야 할 일은 무슨 일이 일어난 것인지를 주의 깊게 살피고, 일어난 것을 측정하며, 관심이 필요한 어떠한 편차를 강조하는 것이다.

평가의 목적이 개입, 산출 혹은 체계가 얼마나 잘 작동되는가에 대한 정보를 생산하기 위해서라는 평가에 대한 우리의 정의로 돌아가면, 평가는 프로그램의 시작부터 마지막까지를 객관적이고 교육적인 시선으로 보는 것을 의미한다. 그렇다면 평가는 하나의 사건이 아닌 과정이다. 로직모델은 프로그램의 진화단계들을 거쳐 평가를 수행하는 데 도움을 주는 도구다. 이는 총괄적 문제뿐만 아니라 형성적 문제도 반영한다. 앞으로 논의하겠지만, 로직모델은 프로그램이 완성되어 감에 따라 발생하는 많은 문제들을 해결할 수 있다.

3. 로직모델과 평가이론

이 책의 논점은 로직모델이 아주 다양한 평가 이론 혹은 접근법들과 함께 사용될 수 있다는 것이다. McLaughlin과 Jordan(2004)은 평가 수행을 위한 진보적인 조직자로 로직모델을 설명한다. 그러나 역사적으로 로직모델은 '프로그램 이론'이라 불리는 접근법과 가장 가깝게 관련되어 있다. 프로그램 이론은 개입에 기초가 되는 가정을 뚜렷하게 해 준다. 즉, 프로그램 시작부터 목표 달성까지 발생할 수 있는 인과관계들을 설명하며, 한 프로그램 혹은 정책에 내재된 변화이론을 명확히 정의한다. 프로그램 이론은 구체적인 평가방법이 아니라 평가에 대해서 생각하기 위한 접근방법이라고 표현할 수 있다. 또한 프로그램 이론은 다양한 방법론들이 실제로 사용될 수 있도록 어떤 구조를 제시한다(Connell & Kubisch, 1998).

Carol Weiss(1977)는 프로그램 이론의 발전에 대해 1960년대를 기초로 기술했다. Weiss에 따르면, 프로그램 이론은 1980년대까지는 가시화되지 않았다. 그 뒤로도 공인된 연구는 제한적이었다. Joseph Wholey(1979, 1983)는 '평가성 사정(evaluability assessment)' 이라는 자신의 연구에 프로그램 이론을 적용시키는 데 큰 관심을 보였으며, 평가가 행해지기 전에 적절히 유기적으로 관련된 프로그램이 있어야 함을 강조하였다. 평가의 기본이 되는 프로그램 이론은 1990년대 중반에 인기를 얻게 되었고, Weiss(1995)는 그것을 지역사회중심 프로그램에 적용시켰다. 또한 Wholey(1997)는 프로그램 이론이 연방정부의 새로운 책임성 노력인 정부성과관리법(Government Performance and Results Act: GPRA)을 어떻게 지지하는가를 보여 주었다. 그 이후 평가의 기본이 되는 프로그램 이론의 사용은 증가하였으며, 그것의 강점과 약점에 대한 논쟁도 활발해졌다.

Callow-Heusser, Chapman과 Torres(2005: 38)는 "프로그램 이론은 프로그램의 성과로 기대되는 사회적 유익과 프로그램이 관련되는 방식에 대한 가정 그리고 프로그램이 목적과 목표를 달성하기 위해 채택한 전략 및 전술이다."라고 정의하였다.

프로그램 이론에서 '이론중심'이란 전략이 반드시 연구기반에서 도출되어야 한다는 의미가 아님을 인식하는 것이 중요하다. '연구중심' 이론은 전적으로도 가능하지만, 이는 또한 실무자의 경험에 근거한 프로그램 이론을 가질 가능성도 있다. 그러므로 질병 예방에 지역사회 개입을 촉진시키고, 사람들이 임상실험에 참여하도록 동기를 부여하거나 새로운 활동계획을 세우는 방법에 대한 이론들은 유사한 프로그램을 시행해 본 실무자의 경험이나 일련의 연구조사에 따라 개발될 수 있다.

특정한 개입이나 변화 접근에 기반이 되는 이론의 유형과 상관없이, 핵심은 무엇보다도 하나의 활동이나 개입의 구성요소를 정의하고 그것들 간의 연결성(connections)을 분명하게 하는 것이다. 프로그램 이론은 발생해야 하는 단계들을 자세히 설명하고 중개과정을 구체적으로 설명하는 것을 특히 중요시한다.

프로그램 이론평가(program theory evaluation: PTE)는 변화의 기초가 되는 이론을 사정하고, 그 사정에 따라 관리되며, 그 관리에 초점을 두는 평가의 한 종류다. Rogers, Petrosino, Huebner와 Hacsi(2000: 5)에 따르면, "PTE는 프로그램이 의도한 혹은 관찰한 결과를 어떻게 야기했는지 분명한 이론 혹은 모델로 구성된다."

나아가 Weiss(2000)는 PTE가 프로그램의 결과뿐만 아니라 '어떻게 그리고 왜'를 분명히 나타내는 데 도움이 된다고 강조하였다. 평가자는 본질적으로 기대되는 연결성이 발생하고 중개단계가 나타나는지의 여부를 사정함으로써, 가정되어 있는 설명 메커니즘의 유효성을 평가하고자 한다. 실제 이론이 일치하지 않은 점에서부터 관찰된 것에 대한 새로운 설명이 나타나야 하는데, 그렇지 않다면 그 이론이 비틀어지거나 파괴되는 결과가 초래되기 때문이다. 이 같은 프로그램 이론에 근거한 평가에서 형성평가는 특히 중요하다. 기대된 중개단계가 관찰되거나 확인되는가의 여부를 제기하는 것이 형성평가의 구성요소이기 때문이다. 한 예를 살펴보자.

교사들을 위한 전문적 개발은 공교육 향상과 개혁을 추구하는 이들에게 오랫동안 인기 있는 전략이었다. 교사들을 위한 전문적 개발은 연방 및 사적 기금 영역에서 자금 지원을 받았으며, 수많은 평가들이 전문적 개발과 학생 학습 사이의 관계를 사정하기 위해 시도되어 왔다. 비록 전문적 개발과 관련하여 무엇이 효과가 있는지는 큰 논쟁거리가 되었지만, 21세기의 첫 10년 동안 교육을 주도한 법률의 초석은 내용에 초점을 둔 전문적 개발을 제공하는 것이다. 핵심 주제를 깊이 이해하지 못한 자료에 따르면, 교사들(특히 도시와 시골 환경에 있는 이들)에게 있어 기준에 따르고 내용에 초점을 둔 전문적 개발은 중요한 것으로 간주된다. 전문적 개발의 부족은 특히 중학교 과학에서 심각하다. 이 문제를 해결하기 위한 치료법은 여러 가지 형태와 형식을 띨 수 있다. 그러나 중요한 점은 여러 가지 형태와 형식이 장기간 지속되어야 하며 고등교육기관의 교직원들이 중요한 역할을 해야 한다는 것이다. 내용 기준에 맞춘 테스트로 측정한 학생 성취도가 설정된 학력 기준에 맞거나 초과하면 성공적인 것으로 본다.

이 프로그램의 기초가 되는 변화이론은 다음과 같이 간단하게 나타낼 수 있다.

전문적 개발 ⇨ 교사의 지식 ⇨ 학습

그러나 전문적 개발, 교사의 지식 그리고 학습이라는 용어들은 아주 많은 것을 의미할 수 있다. 따라서 이 그림은 가장 일반적인 의미에서만 이론이 될 것이다. 법률 제정에 무엇이 필요한가에 대한 초기 설명을 되돌아볼 때, 누군가는 이러한 용어들이 프로그램 이론을 정확하게 반영하도록 정의되어 있어야 한다는 것을 분명히 확인할 것이다.

변화 이론이나 모델의 평가는 활동과 진행에서 세심한 형성평가가 필요하며, 더불어 테스트 성과가 증가되었는지의 여부도 평가해야 한다. 활동에 대한 평가는 전문적 개발이 실제 시간이 지남에 따라 확대되었는지 그리고 교직원의 참여가 계획된 대로 활동되었는지의 여부를 검토할 것이다. 진행에 대한 평가는 교사들이 실제 자신의 내용 지식이 늘어난 정도를 사정할 것이다. 마지막으로 총괄평가는 학력 테스트 성과의 변화를 검토할 것이다. 여기서 PTE가 각 부분과 그 연결성이 검토되지 않는다면 적절하거나 완전하지 않을 것이다.

Weiss(1997, 2000)는 프로그램 이론이 무작위 배정을 사용하는 고전적인 실험연구를 대신할 수 있다고 주장하였다. 그녀는 "만약 평가가 투입에서 결과까지를 이끄는 일련의 미세한 단계들을 보여 줄 수 있다면 모든 실용적 목적을 위한 인과적 속성(causal attribution)은 도달 범위 안에 있는 것으로 간주할 수 있다."는 것, 그리고 활동과 결과 간의 예측된 단계가 활동에서 확인될 수 있다면 결과에 대한 '이론'의 조화는 '인과관계'에 대한 강력한 논증을 제공할 것이라고 주장하였다(1997: 43).

Cook(2000)은 Weiss의 주장에 이의를 제기하고, 종종 복합이론들은 어느 한 가지 관계의 기초가 될 수 있으며, 프로그램 이론은 대체로 그들의 정확성에 대한 비교평가를 허용하지 않음을 지적하였다. 그는 프로그램 이론을 실재 실험연구에 대한 대안책으로 생각하기보다, 연구의 가치를 높이려면 실재 실험연구와 함께 사용되어야 한다고 제안한다.

4. 로직모델, 체계이론 그리고 성과 측정

로직모델을 만드는 과정은 또한 '체계이론'과 '성과 관리'라 불리는 사고 영역에 의해 구체화되었다

Leonard와 Beer(1994: 1)에 따르면, "체계이론을 적응시키는 것은 큰 그림 혹은 전체에 강조점을 두고 각 부분들의 기능을 상호관계 그리고 체계의 더 확장된 상황 속에서 고려하는 것을 의미한다." 로직모델이 가장 효과적일 수 있는 평가환경의 유형은 하나의 체계이론이 수행되도록 설계된 환경이다. 이러한 환경은 급속한 변화, 복합적 이해관계, 제한된 자원 그리고 고도의 복잡성과

같은 특성들을 나타내는데, 직선적이라기보다는 다방면의 피드백 고리와 순환적 상호작용의 인과관계라 할 수 있다.

체계접근법은 하나의 관점이나 초점을 가정하는 대신, 체계 안에 포개진 체계가 있다고 가정함으로써 복합적 렌즈를 활동이나 현상에 가져갈 수 있도록 한다. 따라서 체계접근법은 언제나 한번에 거시적 또는 미시적 분석의 타당성을 제공해 준다. 우리가 보게 되듯이 종종 로직모델 안에 로직모델이 존재하며, 가까이 살펴보거나 멀리 살펴보는 지점이 전략적으로 결정된다.

마지막으로, 체계이론은 변화가 혼란스러운 요인이 아닌 내재적인 특징이라고 간주한다. 현상(phenomena)은 역동적이지 정적이지 않다. '다른 것들이 같을 것이다.' 라는 가정은 적용되지 않는다. 체계는 부분들이 발전하고, 환경이 바뀌며, 관계가 변하는 가운데 계속해서 기능하고 적응해 나가야 한다고 본다.

일부 평가자들과 잘 어울리는 또는 어울리지 않는 체계이론의 한 가지 특징은 상황이 매우 중요하다는 개념이다. 한 상황에서 참인 것은 다른 상황에서는 참이 아닐 수도 있다. 연구결과의 광범위한 일반화에 높은 가치를 두고 성공적인 평가의 핵심이 외적 타당도라고 보는 사람들은 이 특징이 접근법을 타당하지 않게 한다고 생각할 수 있다. 왜냐하면 상이한 상황에서 상이한 효과를 계속해서 보여 주는 결과들을 두고 갈등하는 사람들은 스스로 타당하다고 느끼기 때문이다.

성과 관리는 로직모델을 사용하는 평가에서 발견될 수 있는 다른 일련의 문제와 강조점을 가지고 있다. Wholey(1997)가 설명한 것과 같은 변화의 내재된 이론에 의거하면, 로직모델과 같이 성과 관리는 한 시기에 정확한 변화의 지표들을 확인하는 것이 중요하다. Uusikyla와 Valovirta(2004: 2)가 언급했듯이, 성과 관리에서 중요한 문제는 사용된 지표들이 때마다 다르고 '사회적 변화들이 수반하여 발생되는 내재된 논리'를 반영하지 않을 수 있다는 것이다.

이후의 장들에서는 평가 설계에 발판을 마련하고, 프로그램 논리가 확인되는지 점검해 보는 데 가장 관련되는 변화의 지표들을 평가자들이 확인하는 데 도움을 주는 로직모델의 중요한 역할에 관해 논의할 것이다.

요 약

이 장에서는 로직모델이 평가에 대한 다른 접근법 및 이론들과 어떻게 맞는지를 논의했다. 첫째, 형성적이고 총괄적인 요소를 모두 포함한 평가를 고려하는 것이 중요함을 강조하면서 평가를 확대해서 살펴보았다. 둘째, 구성요소와 연결성을 포함하는 내재된 변화이론의 필요성과 힘을 어떻게 강조하는지를 보여 주기 위하여 로직모델을 프로그램 이론에 연결시켰다. 마지막으로 체계이론과 성과 관리가 어떻게 로직모델을 만드는 데 관련되는지를 보았다. 하나는 그 관련성이 진화하는 전체와 상황을 이해하는 것이 중요하다는 가정 때문이고, 다른 하나는 내재된 변화이론을 진정으로 반영하는 성과지표의 확인을 강조하기 때문이다.

생각해 볼 문제

1. 발생할 것으로 보이는 개입을 제시하거나 대안적인 이론을 설명해 보라.
2. 평가적 사고라는 용어와 그 의미를 논의해 보라.
3. '평가는 사건이 아닌 과정이다.' 라는 문장은 어떤 의미인가?
4. 평가의 목적은 하나의 개입, 산출 혹은 체계가 얼마나 잘 작동하고 있는가에 대한 정보를 생산하는 것이라는 문장을 생각해 보라. 이에 동의하는가 혹은 반대하는가? 그 이유는?

02

로직모델의 사용

이 책의 초점은 로직모델이 평가를 뒷받침하는 데 어떻게 사용될 수 있는가에 있다. 그러나 로직모델은 여러 가지 다른 방식으로도 사용될 수 있다. 이 장에서는 로직모델이 어떻게 사용될 수 있는가에 대하여 이야기할 것인데, 몇 가지 관련된 사용법을 살펴보면 다음과 같다.

- 프로그램 혹은 정책에서 실제 의도한 것을 명확히 밝힌다.
- 프로그램 팀원들 간의 의사소통을 강화한다.
- 프로그램을 관리한다.
- 평가계획을 설계하고 해결해야 할 문제들을 결정한다.
- 프로그램과 로직모델의 작용 절차를 문서화한다.

• 하나의 프로그램 또는 여러 프로그램들의 유형을 검토한다.

프로그램에 관련되어 있는 사람들은 종종 세부 내용이 부족한 상태의 계획을 만들어 낸다. 오류는 세부적인 내용에서 발생한다는 속담은 다소 작동은 하지 않지만, 좋은 아이디어에서 출발한 프로그램에는 들어맞지 않는다.

왜 이런 일이 생기는가? 때때로 개발자들은 서로 무엇을 하고 싶어 하는지 아주 잘 알기 때문에 속기(shorthand)로 말하면서 그것을 작업적 관점에서 모두 이해했다고 가정하기 때문이다. 또 다른 경우는 연구기반을 정확히 이해하지 못하거나 어떤 문제에 맞닥뜨릴지를 이해하지 못하여 제대로 구성되지 않은 계획을 만들기 때문이다. 여러 가지 이유로 종종 형편없이 설계하고 나서 나중에 문제가 생긴다면 너무 늦거나 비용이 커서 수정을 할 수가 없다. 여기서 두 가지 전형적인 문제를 논의하고자 한다. 하나는 사일로 효과(silo effect)라 불리는 것으로 프로그램의 부분들이 상호 연결되어 있어야 하지만, 실제로는 각기 떨어진 상태를 의미한다. 또 하나는 방향성을 찾지 못했거나 성공을 달성하는 것이 어떤 의미인지 정의를 공유하지 못하는 것이다.

우선 사일로 효과에 대해 살펴보자. 사일로 효과는 프로그램의 부분과 부분이 실제 어떤 변화이론과 맞는지 고려하지 않고 독립적으로 사고할 때 발생한다. 프로그램 개발자들은 원하고 있던 일련의 활동과 달성하고 싶은 일련의 목표가 있으면 그 사이에 연결성이 있다고 가정한다. 하지만 유감스럽게도 그 연결성이 나타나지 않는 경우가 있다. 왜 이런 일이 발생하는가? 활동이 무엇을 할 것인지 기획가들이 알고 있는 방법에 기초해서 선택되었거나 바람직한 결과를 유도할 것인지에 대한 세심한 분석 없이 시작되었기 때문이다. 또는 적합성보다는 오히려 그들의 현 상태에 맞춘 일시적 활동을 취했기 때문이다. 이러한 활동은 최상의 경우라 해도 부적절할 것이며, 최악의 경우에는 치명적일 수 있다.

예를 들어, 대학생들이 교사가 되도록 격려하는 한 프로그램에서 포트폴리오의 핵심 활동 개발이 학생들을 가르치는 데 참여시키는 것임을 확인했다고 하자. 포트폴리오나 잡지는 학생들의 주의를 끌어 그들이 참여하는 활동에 대해 더 깊이 생각하도록 유도하는 일반적인 도구다. 포트폴리오에서는 학생들이 자신의 학습경험에 더 호응적이고 학습자 집단 속에서 논의를 위한 기반을 구성할 것이라고 보았다. 그러나 이 경우 학생들의 학습경험의 다른 측면들은 거의 무시해 버린다. 로직모델이 개발되고 변화이론의 강조에 대한 문제가 제기되자, 모든 사람들은 단순히 포트폴리오를 개발하는 것이 추가적인 지원 없이 학습에 대한 관심을 증진시키지는 못한다는 데 동의했다. 잃어버린 부분 부분들은 쉽게 확인되었다. 팀은 여전히 포트폴리오 개발 활동이 잠재적 교사의 교육을 향상시키는 도구로서 장점이 있다고 생각했지만, 교사직을 선택한 이들의 수나 자질을 변화시킬 만큼 강력해 보이지는 않았다. 일단 로직모델이 개발되고 활동들과 기대되는 결과 사이의 연관성이 검토되자, 설계가 불완전하며 추가적인 활동이 포함되어야 함이 분명해졌다.

그다음 살펴볼 것은 종종 일어나는 문제로 중요한 결과변수에 대한 분명한 정의가 없다는 점이다. 특별한 구성이 구체적인 관점에서 어떤 의미인지 그리고 어느 정도 달성해야 성공의 자격이 되는지 적절한 주의를 기울이지 않으면, 결과는 개념적인 수준에서 정의된다. 그러나 결과변수는 팀원들이 달성 목표에 대한 서로 다른 정의를 가지고 있다는 결과와 더불어 적절히 조작되어 있지 않았다. '학생 학습' 이라는 분명하고 명확한 결과가 있는데도, 프로그램 개발자들이 이 단어의 정의를 확실히 하는 데 실패하는 것은 보기 드문 일이다. 잠재적인 경쟁이란 정의에는 중대한 이해관계가 걸린 테스트, 점수, 과정 등록 혹은 학교활동에 대한 성과의 변화 그리고 얼마나 많은 변화가 예상되는지를 나타내는 변화 정도를 포함할 수 있을 것이다. 그런데 집단의 파트너는 테스트 성과를 충분히 납득하고 또 다른 파트너는 테스트 성과가 참학습(genuine learning)에 대한 피상적인 지표일 뿐이라고 생각한다면, 유쾌하지 않은 일이 일어날 수 있다. 확실하게 정의되지 않은 용어('향상된 협력' 과 같은) 때문에 문제가 일어날 가능성은 더 많아지고 있다는 것이다.

노력의 방향이 잘못되거나 투자가 부적절하게 이루어지기 전에 설계단계에서 로직모델을 개발하는 것은 부분들이 어디서 부적절하게 연결되었는지 또는 용어를 정의하는 데 불명확함은 없었는지를 분명히 하는 데 매우 유용하다. 첫 단계에서 파트너들은 활동과 결과 간에 예상되는 연결성을 명확히 측정해야 하며, 활동과 결과를 연결하는 중개단계를 정의 내려야 한다. 또 예측된 연계를 뒷받침해 주는 연구나 실무자의 지식을 이용하는 것도 중요하다. 두 번째 단계는 결과변수를 조작화하고 성공에 대해 정의하는 것이 필요하다. 체계적으로 결정하기 위해서는 대안적 정의를 대략적으로 생각하고, 체계적으로 어떤 것은 용인되고 어떤 것은 제외시켜야 하는지를 결정하는 것이 중요하다. 이러한 논의에는 활동과 그 적합성을 재평가하여 성과를 명확히 해 주는 반복적 효과가 있다.

로직모델을 조기에 개발하는 것은 장기적으로 큰 도움이 될 수 있지만, 동시에 부정적인 측면을 야기할 수 있다. 로직모델 개발은 오랜 과정이며 합의에 도달하기까지는 수행되어야 할 나머지 작업의 속도를 늦출 수 있다. 선택의 문제로 이전에 내린 결정들을 다시 고려해야 할 때 활동은 특히 좌절될 수 있다. 로직모델을 개발하고 수정하는 데 관여하는 프로그램의 한 감독자는 "……제안서를 제출해야 하는 마감 날짜까지도 모델을 만드는 일은 절대 끝나지 않는 과정인 것 같다. 모델이 며칠 동안 안정된다 싶으면 누군가가 변경해야 할 사항을 발견하고, 결국 우리는 성취한 것이 아무것도 없게 된다. 비록 '로직모델'이라고 적힌 폴더와 많은 문서가 있지만, 아무것도 달성하지 못한 것이 현재까지 평가에 대한 우리의 실적이다."라고 강조하였다.

1. 프로그램 팀원 간의 의사소통 강화

첫 번째 기능과 밀접하게 연결된 로직모델의 두 번째 기능은 프로그램 팀 구성원 간의 의사소통을 강화하는 것이다. 분명히 본질적인 프로그램 이론이나 결과 영역이 실제 무엇을 의미하는가에 대한 논의에 참여하는 것은 프로그램 팀원들에게 새로운 공유 경험이 되며, 앞으로의 논의와 결정을 위한 보다 견고한 기반을 제시한다.

게다가 이러한 논의는 프로그램에 대해 고양된 주인의식을 갖게 하고, 아이디어를 더 많이 내게 하며, 그것이 의도된 대로 활동되는지 확인하려는 책임감도 높인다. 성공이란 어떤 것인가에 대해 공통된 정의를 개발하기 위해 함께 일하는 팀원들은 더 큰 결과를 얻을 수도 있다. 팀원들이 성공에 대한 자신의 비전이 다른 사람들과 같지 않다고 느낄 때 발생하는 불균형은 더 강력한 유대와 고양된 헌신으로 나타나기도 한다. 팀원들 간의 차이점이 해결되고 진정 공유된 기대감이 제자리를 잡는다면 말이다.

예를 들어, 수학 및 과학 파트너십 프로그램에서 대학교와 협력학교 출신의 팀원들은 '함께 일하는' '협력하는' 혹은 '외부 조사활동에 참여하는'과 같은 모호한 용어부터 시작해서 파트너십이 그들에게 무엇을 의미하는지 심층적으로 논의해 보아야 했다. 그리고 이 논의에서 다음과 같은 요인들이 고려되었다.

- 프로그램의 달성 목적에 대한 공유된 기대가 실제 존재하는가의 여부
- 기대하고 있는 혜택
- 의사결정과 활동에 관련하여 예상되는 역할과 책임

- 신뢰를 강화하는 사건과 불신을 일으키는 사건
- 책임성, 즉 모든 파트너들이 다양한 목적 달성에 대한 주인의식을 받아들이는 방법과 수준

이와 같은 관점으로 파트너십을 논의하면 동의의 영역과 파트너들 간 이견을 갖는 인식 영역 모두를 밝힐 수 있다. 이렇게 작업함으로써 프로그램의 특정 부분에서 불안정해지는 이유를 알게 되었고, 프로그램이 진행되는 동안 의사소통의 패턴을 변화시켰다.

Huebner(2000)는 학교환경에서 로직모델의 개발이 실제적인 기여를 한다고 주장하였다. 모델 개발과 활동들 간의 단계에 대한 논의는 교사들이 자신의 일과 그것이 학생들에게 미치는 영향에 대해서 적극적으로 생각해 보는 과정인 반영적 실천(reflective practice)을 부추길 수 있다. 이는 교육의 특징인 고립을 붕괴시키고, 공통된 반영의 기회가 되어 다른 이들에게 유사한 상황에서 어떻게 접근하는가를 알려 주기도 한다.

의사소통과 주인의식에 관하여 생길 수 있는 복합적 혜택들을 열거하면서 의사소통의 결과가 항상 긍정적이지만은 않음을 지적하는 것 또한 중요하다고 본다. 팀원 간의 차이점이 해결되지 않는다면 각자 자신의 주장을 유지하고 함께할 해결책을 발견할 수 없고, 로직모델 개발은 그들을 함께 묶었던 연결 끈을 끊어 버릴 수도 있다. 공통된 해결책이 확인되더라도, 그 해결책에 도달하는 과정 중 나타나는 독설은 지우기 어려운 상처로 남을 수 있다.

2. 프로그램 관리

로직모델은 또한 프로그램 관리를 위한 기초 작업이 된다. 일단 변화이론이 기술되면 관리자들은, 첫째 활동이 시기적절한지, 둘째 문제가 계속 발생하지 않도록 확실히 규정하기 위해 필요한 핵심 요점들을 확인할 수 있다.

로직모델을 수행하면서 관리자는 변화가 나타나는 것에 대한 예상 일정과 활동 일정을 개발할 수 있다. 본질적으로 로직모델은 관련된 최종 기한 및 책임과 더불어 작업계획 개발을 직접 이끌어 낸다. 로직모델은 또한 활동들 사이에서 우연성을 확인하는 방법이 될 수 있는데, 이는 프로그램 관리의 강력한 체계를 개발하기 위한 시작점 역할을 하는 활동에 속한다. 그러나 로직모델은 그 자체가 관리계획은 아님을 인지해야 한다. 로직모델은 작업계획이나 활동계획에 대한 토대가 될 수는 있지만 관리도구를 대체할 수는 없다.

프로그램 관리를 위해 로직모델을 사용하는 데는 다음과 같은 절차가 필요하다. 다음 단계 혹은 활동이 언제 발생하기로 되어 있는가 그리고 그 활동의 결과는 언제 합리적으로 예상되는가에 대해 분명하게 설명되어야 한다. 전자는 대개 비교적 쉽게 기술되지만 예상 결과를 위한 일정을 잡는 것은 상당히 어렵다. 치료나 변화의 초기 결과가 불균형이 되는 것, 전진이 아니라 명백한 후진단계가 되는 것은 흔한 일이다. 이러한 불균형이 얼마나 지속되고 희망한 결과가 언제 나타날지 예상을 기술하는 것은 중요한 도전이 될 수 있다.

3. 평가계획 설계와 해결해야 할 문제 결정

로직모델을 사용하는 주된 이유 그리고 이 책의 초점은 로직모델이 포괄적이고 의미 있는 평가를 하는 데 바탕이 되는 역할을 할 수 있다는 점이다. 부록에는 로직모델이 이러한 측면들과 어떻게 조화되는지를 보여 주는, 평가를 개발시키는 측면에 대해 설명하고 있다. 평가계획 개발을 시작하기 전에 평가자가 프로그램을 위해 로직모델을 개발하는 것은 아주 바람직한 일이다. 만약 로직모델을 아직 개발하지 않았다면, 로직모델의 개발 혹은 검토를 통해 평가자는 프로그램의 목적과 그 설정을 위해 사용되는 전략에 대해 좀 더 깊이 이해할 수 있다. 또한 프로그램의 기본 논리가 분명하지 않다면, 평가 접근을 구성하려고 시도하기 전에 명확성을 위해 필요한 질문들을 미리 해 보는 것이 좋다.

일단 로직모델이 개발되고 이해되고 나면, 모델의 부분요소들로 평가를 위해 중요한 지침과 제기되어야 할 문제들이 설정되어야 한다. 활동이나 전략은 형성평가 관련 사항을 확인하는 것으로, 활동과 계획이 생각한 대로 진행되고 있는지를 사정하는 것이다. 결과(outcome)는 총괄평가에서 검토되어야 하는 결과물들을 확인하는 것이다. 작업을 하기 위해 기대된 시간 틀은 평가자에게 프로그램의 어떤 부분이 언제 사정되어야 하는지의 지침이 된다.

로직모델을 개발하는 것은 평가자와 프로그램 간의 관계를 형성하는 수단이기도 하다. Huebner(2000)는 평가자가 로직모델을 개발하기 위해 프로그램 팀과 일하고 있다면 평가자와 팀원 간의 상호 이해도가 진행 중인 작업에 큰 보탬이 될 것이라고 지적하였다. 적절하게 수행된다면, 로직모델 개발은 관련되어 있는 모든 사람이 변화이론을 함께 명백히 할 수 있는 비위협적인 환경을 조성한다. 또한 평가자에 의한 것이 아니라 프로그램 팀에 의해 잘 이해될 수 있는 프로그램의 특징으로서, 수행에 특별한 상황에서 무엇이 다르거나 특별한지 참가자들이 지적할 수 있는 기회가 된다. 이것은 팀이 평가자에게 가르치고 자료가 수집되기 전에 질문을 할 기회를 촉진하며, 판단이 이루어지는 실마리를 제공한다.

이런 방법으로 팀과 일하는 경우에는 학생으로서의 평가자 역할과 중요한 친구로서의 평가자 역할 사이에 균형을 확실하게 잡아야 한다. 만약 평가자가 지나치게 학생으로 보인다면 프로그램 관련자들은 평가자가 기대되는 평가 역할을 다할 만큼 충분히 전문적인지 의문을 품을 것이다. 평가자가 프로그램과 이론에 대해 너무 많은 질문을 한다면 프로그램 관련자들은 방어적이 되어 불신이 싹트기 시작할 것이다. 나아가 평가자의 질문이 프로그램 계획에 중요한 변화를 가져오게 만드는 것이라면 외부의 공평한 사정자로서의 평가자 역할은 손상받을 수 있다.

4. 프로그램과 프로그램이 어떻게 작동하는지 문서화하기

로직모델은 또한 프로그램이 완료되어 그 결과가 나온 뒤 변화이론을 문서화하는 데 사용될 수 있다. 이때 로직모델은 프로그램을 복제하거나 다른 상황에 맞게 변경하고 싶은 사람들을 안내하는 하나의 지도가 된다. 때때로 문서화는 로직모델이 초기에 시작된 경우, 실제적으로 초기 로직모델을 업데이트하는 데 활용될 수도 있다. 이전 모델이 존재하지 않더라도 최종 결과를 포착하기 위해 하나를 개발하는 것은 무엇이 작동했는지, 왜 작동했는지를 이해하는 데 중요하다.

부가 절차이긴 하지만, 이는 잘 작동하지 못한 변화이론들을 문서화하는 데도 유용하다. 그리고 시도했지만 실패한 변화이론들을 보여 주기 위해 일련의 로직모델들을 활용하는 것은 지나치게 사적으로 보관되는 정보들을 표면화시킬 수 있다. 만약 변화이론이 왜 실패했고 무엇 때문에 유지될 수 없었는지 설명되었다면 문서화는 특히 더 유용할 것이다.

5. 프로그램 혹은 일련의 프로젝트 검토하기

이 책의 초점은 개별 프로그램의 평가를 위한 로직모델 사용에 있지만, 프로그램 검토를 위해서도 로직모델을 사용할 수 있다. 우리에게 프로그램은 공유된 목적을 달성하기 위해 취해지는 일련의 프로젝트 그룹을 의미한다. 로직모델은 프로그램에 기초가 되는 변화이론을 설명하고 우리가 프로그램에 대해 설명한 모든 기능—프로그램의 명확성을 밝히고, 의사소통을 증진하며, 프로그램을 관리할 뿐만 아니라 프로그램 평가에 토대가 되는 기능—을 다루는 데 사용할 수 있다.

프로그램 로직모델과 프로젝트 로직모델은 때로 유사해 보이지만, 프로그램은 다양한 프로젝트들을 포함한 것으로서 로직모델은 포트폴리오를 보게 한다. 로직모델을 사용하는 것은 균형, 깊이, 넓이의 측면에서 포트폴리오를 검토하는 것이다.

예를 들어, 정부에서 운영하는 프로그램은 우수한 학생들이 교사가 되도록 동기를 부여하는 것에서부터 수석교사의 전문적 지식을 계속해서 지지하고 사용하도록 하는 연속성과 더불어, 교육과 고급 학습법을 지지하는 방법에 대한 지식의 증진이라는 목적을 가지고 있다. 프로그램을 강조하는 것은 프로그램의 성공에는 연속적인 각각의 중요 단계에서 투자가 필요하다는 점과 프로젝트들이 조사와 실증을 제시하는 것을 통해 지지될 수 있다는 점을 알려주는 하나의 원리다.

로직모델의 개발은 새로운 교사들을 개발하는 것과 이미 현장에 있는 교사들을 지원하는 것에 대한 상대적 강조, 초보 학습자들을 가르치는 교사들 혹은 보다 성숙된 학습자들을 가르치는 교사들을 위한 프로그램 목표 설정, 생산물 개발이 아니라 서비스 전달에 대한 강조와 같은 포트폴리오에 대한 기대와 관련된 가정을 명확히 할 수 있다.

또한 로직모델은 프로그램 관리자들의 다양한 투자 유형 속에서 어떤 상호작용이 발생할 수 있는지를 나타내고, 프로그램 평가의 어떤 지점에서 그것이 가시적이어야 하는지 세밀한 계획을 세우는 데 도움을 준다.

요 약

로직모델들의 사용법은 다양하며 사람들의 다양한 요구에 답할 수 있다. 로직모델이 계획단계에서 사용될 때는 프로그램의 성격을 명확히 하고 성공에 장애물이 되는 문제를 확인하는 데 도움을 준다. 또한 로직모델은 프로그램이 끝날 때에 무엇이, 왜 달성되었는가를 문서화하는 데 확실한 도구가 될 수 있다.

로직모델은 프로그램을 이해하고 소유할 필요가 있는 팀에게, 프로그램을 감시하는 관리자에게, 프로그램 평가 요청을 받은 평가자에게 모두 유용하다. 로직모델은 하나의 자기 충족적 노력에 적용되거나 다양한 방식으로 의도된 프로그램의 포트폴리오를 설명하는 데 사용될 수 있다. 효과적이고 신중히 사용된다면, 로직모델은 잘못되거나 혹은 불완전하게 정의된 개입을 명확하게 해 주고 이해할 수 있도록 해 준다. 그러나 때때로 로직모델은 그 자체가 곤란한 문제가 되기도 한다.

생각해 볼 문제

1. 단순히 평가자만이 아니라 다양한 이해관계자들이 로직모델을 사용할 수 있다. 이 장에 설명된 로직모델의 사용법들을 고려해 보고, 인사전문가, 프로그램 관리자들이 그 도구를 어떻게 사용할 수 있을지 논의해 보자. 어떤 사용법이 우선적인가? 부차적인 것은 무엇인가?

2. 당신이 개입되어 있었거나 읽은 프로그램들을 생각해 보자. 동일한 단어나 용어를 사용했지만 다른 것을 의미했던 팀원들의 예를 확인해 보자. 어떠한 문제로 그런 일이 발생했는가? 왜 그러한 일이 일어났는가?

3. 팀이 달성하려는 목표와 무엇을 성공으로 정의할 것인가를 명확히 하는 데 도움을 주기 위해서 프로그램 관련자들과의 토론에 개입되어 있는 평가자의 찬반 양론을 논의해 보자. 이는 어떠한 이해관계의 갈등을 야기하는가? 혹은 외부 대리인으로서의 평가자 역할을 위협하는가? 어떠한 조건하에서 이러한 논의가 적절하다고 혹은 부적절하다고 생각하는가?

03 로직모델의 구성요소

이 장에서는 로직모델의 의미와 그것을 구성하는 핵심적 특징이 무엇인지를 정확하게 제시한다.

- 이 장의 주된 초점은 로직모델의 네 가지 기본 구성요소인 투입, 활동, 산출, 결과를 정의하고 논의하며 주요 차별점들을 언급하는 데 있다.
- 선택적인 추가 구성요소를 소개한다.
- 복잡성의 측면에서 로직모델의 다양성을 설명한다.

1. 로직모델의 기본 구성요소

로직모델은 한 프로그램, 프로젝트 혹은 정책에 내재된 변화이론을 시각적으로 설명하는 방식이다. [그림 3-1]은 로직모델의 기본 구성요소를 나타낸 것이다.

로직모델은 다음의 네 가지 기본 구성요소로 이루어진다.

① 투입: 프로그램에 들어가는 자원. 전형적으로 자원은 자금의 근거 혹은 현물로 주는 기여의 영역에서 정의된다.

② 활동: 바람직한 목적을 가져오기 위해 프로그램에서 선택한 활동. 활동에는 지역사회위원회 설립, 전문적 개발 제시, 새로운 정보 캠페인 시작 등이 있다.

③ 산출: 한 행위의 즉각적인 결과물로 활동의 수행을 문서화하는 서비스, 사건, 생산물, 산출은 보통 숫자로 표현된다.

④ 결과: 궁극적 목표와 목적을 달성해 나가는 움직임에 따른 변화. 결과는 바람직한 성취 혹은 변화다.

기본 구성요소 각각은 앞 장에서 논의된 변화이론의 일부로 볼

투입 ⇨ 활동 ⇨ 산출 ⇨ 결과

[그림 3-1] 로직모델의 기본 구성요소

수 있다. 실제로 로직모델의 부분들은 변화이론의 발판이 된다. 모델은 무엇이 행해졌는지, 어떤 목적에 도달했는지, 누가 어떤 자원을 가지고 수행했는지를 보여 준다.

이러한 구성요소 각각을 좀 더 면밀히 살펴보고 로직모델을 개발하는 데 고려해야 할 것을 논의해 보자. 그 전에 그림에서는 왼쪽에서 오른쪽으로(투입에서 결과로) 진행하는 개념화를 주장하지만, 로직모델을 세우고 변화이론을 설명하는 데에는 투입이 아닌 결과 기술로 시작하는 것이 더 유용하다는 것을 강조하는 것이 중요하다. 사고의 과정은 달성하고 싶은 것에서 그것에 도달하기 위해 어떻게 계획을 수립하는가로 이동하는 것이 가장 적합하다. 그러므로 우리는 결과에 대한 논의에서 시작하기로 한다.

결과(outcome)는 당신의 변화이론이 정확하다면 당신이 일어나기를 원하는 변화다. 그것은 프로그램의 성공을 문서화하는 변화다. 이러한 결과에는 학생들이 알고 할 수 있는 것의 변화, 중요한 문제를 해결하는 지역사회의 능력 변화, 질병의 유행을 감소시키는 의료적 실천가들의 능력 변화 등이 있다.

결과는 다양한 수준에서 일어난다. 교육 프로그램에서 결과는 종종 개인이나 집단의 변화에 초점을 두지만, 로직모델은 기관이나 지역사회를 위한 결과를 주장하기 위해 개발될 수도 있다. 많은 프로그램에서 바람직한 결과로 인식되는 능력계발을 예로 들어 보자. 능력계발이라는 결과는 개인, 지역사회 그리고 기관의 기준에서 의미를 나타낼 수 있다. 개인에 초점을 둔 프로그램은 새로운 기술과 지식 공급을 통한 개인적 능력의 향상을 목표로 설정할 수 있다. 지역사회에 초점을 둔 프로그램은 사회문제를 해결하기 위해 함께 일하는 집단의 능력 변화를 목표로 설정할 수 있다. 그리고 기관에 초점을 두는 프로그램은 사회의 기본적 시설에 관련하여 변화의 관점에서 표현되는 능력을 목표로 설정할 수 있다.

결과는 또한 시간을 정하는 것이 중요하다. 대부분의 로직모델은 단기, 중기, 장기 성과로 구분된다. 이러한 시간 기간을 어떻게 정해야 하는지 명확한 규칙은 없다. 하지만 단기는 종종 2년 미만을 의미하고, 중기는 2~5년, 장기는 5년 이상을 의미한다. 프로그램 이론이 올바르다면, 변화이론을 규정하는 일의 일부는 어떤 시간 틀 안에서 어떠한 변화를 거둘 것으로 예상하는가를 분명히 하는 것이다.

활동(activity)은 바람직한 결과에 도달하기 위한 치료 혹은 전략이다. 전략은 뚜렷이 구분되는 단계이거나 프로그램이 무엇인가에 대한 것이다. 활동에는 다음과 같은 특색이 있다.

첫째, 활동은 행해지는 것이며 내용을 가진다.

둘째, 가장 단순한 상황에서도 활동은 동시적이지 않고 순서에 따라 일어난다. 활동에는 시간 구분이 있다. 활동은 어떤 프로그램에서는 의존적이며 또한 상호 간에 의존하기도 한다. 한 활동의 결과는 다른 활동의 형태에 영향을 미친다.

셋째, 활동은 분해할 수 있으며, 체계이론에서처럼 체계 안에는 또 다른 체계가 있다. 이것은 로직모델의 개발에서 검토되는 체계에 어떤 렌즈를 대느냐에 따라 전체적인 것부터 부분적으로 세세한 것까지 고려해야 될 많은 산출물의 적합한 수준이 존재한다는 것을 의미한다.

로직모델을 구성할 때 설명되고 있는 활동의 적합한 수준을 결정하는 것은 가장 큰 일 중의 하나다. 활동의 수준이 너무 크면, 예를 들어 활동이 '전문적 개발'로 설명된다면, 지나치게 많은 사건이나 생산물이 성공적인 활동을 확인하는 데 사용될 수 있다. 또한 활동의 수준이 너무 작으면, 즉 전문적 개발의 각 사례가 개별적으로 분리된 활동(훈련자를 확인하고, 초기 세션을 위한 커리큘럼을 개발하며, 훈련자들을 훈련시키고, 세션 일정을 잡으며, 교사들을 모집하고, 교사들에게 세션을 공지하는 등)으로 설명되면, 로직모델을 개발하고 시험하는 과제는 끝이 없어 보일 수 있다. 나아가 가능하다고 생각된 가시적인 결과가 너무 산만해져서 일관된 지침을 읽거나 허용할 수 없을 것이다.

산출(outputs)은 진행되고 있는 이론에 대한 간단하면서도 가장 즉각적인 지표다. 산출은 변화이론 단계 중에서 하나가 취해졌고 결과의 확인물이 생겼다는 것이다. 산출은 직접적으로 활동과 연결된다. 각 활동은 하나 이상의 산출이 있어야 한다. 반대로 각 산출은 하나 이상의 활동과 연결되어 있어야 한다. 산출이 본래 활동에 따른 것이기 때문에, 그에 대한 적합한 수준은 다양하며 관련된 활동과 잘 맞아야 한다.

한편 어떤 상황에서 산출인 것이 또 다른 상황에서는 정당한 결과일 수 있다. 따라서 산출과 결과를 구분해야 한다는 문제도 중요하다. 이 주제는 나중에 다시 이야기할 것이다.

마지막으로, 투입(input)은 다뤄야 하는 자원의 관점에서 프로그램이 어디서 시작하는가를 설명한다. 정확히 변화이론의 일부는 아니지만, 투입은 변화이론을 지지하는 데 이용할 수 있는 물적·지적 재화가 된다. 이러한 자원에는 프로그램을 지원하기 위해 가져오는 다른 자원뿐만 아니라 기관이나 재단으로부터의 자금(기관의 자금)도 포함된다. 자금은 대개 결정적인 투입 중의 하나이지만 투입으로 자주 설명되는 다른 비금융적 지원도 있다. 여기에는 연구기반, 이전에 확립된 프로그램 파트너들 간의 관계 혹은 파트너들에게 특별히 축적된 기술 지식이 포함된다. 유형물 또한 투입으로 고려될 수 있다. 일반적으로 유형물에는 시설, 장비, 기타 필수 도구가 있다.

자원은 다소 변화이론 밖에 있는 것으로 보일지 모르지만, 다음과 같은 이유로 프로그램을 시작하면서 자원을 명확하게 규정해 두는 것이 중요하다.

첫째, 이용 가능한 자원을 명확히 하는 것은 평가자를 포함하여 모든 프로그램 파트너들에게 중요하다.

둘째, 이용 가능한 자원을 명확히 하는 것은 그 프로그램을 복제하고 싶은 타인들을 위해서도 중요하다. 주어진 프로그램을 뒷받침하기 위해 충분한 자원이 필요하다면, 이는 책임을 맡을 사람들에게 분명하게 전달되어야 하며 앞으로 노력하는 사람들에게도 성공적이 될 것이다.

비교적 간단한 변화이론의 단순한 프로그램을 예로 들어 로직모델의 개발을 설명해 보자.

질병통제예방센터(CDC)는 55세 이상의 여성들을 위한 연간 골밀도 검사의 필요성에 대한 인식이 증가하길 바란다. 이 프로그램의 궁극적인 목표는 골다공증에 걸려 넘어지거나 여러 가지 사고로 뼈가 부러져서 고생하는 여성들의 수를 줄이는 것이다. 그렇게 하기 위해서는 골다공증의 원인과 예방을 위해서 여성이 해야 할 일에 대한 정보를 공유하는 캠페인을 시작해야 한다. 도서관과 식료품점을 통해 배포하는 지면자료뿐만 아니라 텔레비전과 라디오 광고와 같은 미디어 캠페인 등 다각적인 접근이 효과적이라고 보고 있다. 만약 이론이 맞다면, 1차적 결과로 골다공증에 관련된 문제들을 포함하여 의사 방문이나 전화가 증가할 것이라 예상된다. 2차적 결과는 골다공증과 그것이 야기하는 문제에 대한 경계심의 증가다. 궁극적으로는 55세 이상 여성들의 골다공증에 관련된 피해 비율이 줄어들어야 한다.

이 프로그램을 위한 로직모델의 기본 구성요소는 [그림 3-2]와

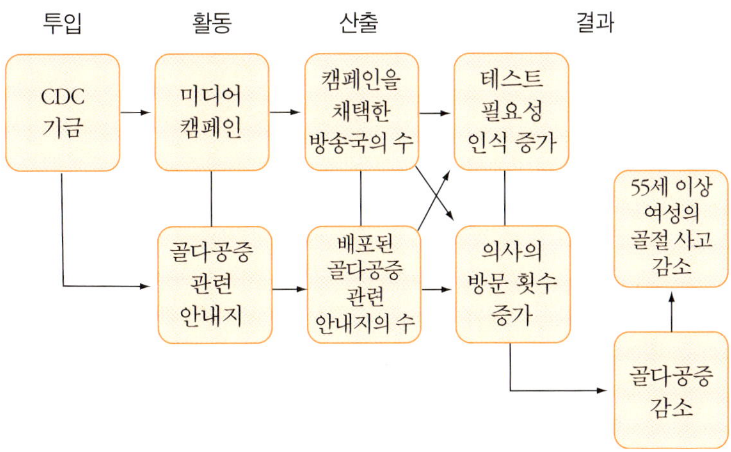

[그림 3-2] 로직모델의 기본 구성요소로 이루어진 간단한 프로그램

같다.

이 예에는 하나의 투입으로 캠페인을 위해 CDC가 제공하는 기금이 있고, 2개의 활동으로 미디어 캠페인과 골다공증 관련 안내지가 있다. 산출은 활동과 상당히 직접적인 관계가 있다. 미디어 캠페인의 경우 가장 직접적인 산출은 이 캠페인을 채택하거나 사용하는 방송국의 수이며, 골다공증 관련 안내지의 경우 직접적인 산출은 실제 배포된 골다공증 관련 안내지의 수다. 산출에 관한 이러한 예들은 앞서 강조한 산출과 결과 간의 구분을 설명하는 데 도움이 되며, 산출은 활동이 수행되었다는 증거가 된다. 그 수가 얼마나 큰가에 따라 그것은 이 접근법의 성공 여부를 나타내기도 한다. 그러나 아주 많은 양의 자료가 배포되었다고 해서 프로그램의 결과가 달성된다는 보장은 없다. 정보의 유통은 정보를 이해하거나 그것을 도구적으로 이용하는 목표 청중과 동일하지 않다. 산출은 어떤 의미에서는 계획된 활동이 달성되었다는 증거가 되지만 산출 검토만으로는 충분하지 않다. 산출 검토는 의도된 평가 안에서 치료가 '효과적이었다'는 바람직한 변화가 발생했는지의 여부를 검토하는 것을 대체하지 못한다.

결과는 복합적이고 시간이 지남에 따라 상이한 지점에서 발생한다. 즉, 인식의 변화나 의사 방문의 변화가 발생하는데, 이는 치료의 필요성과 관련된 대중의 인식이 높아질 것이라는 가설을 증명해 준다. 마지막으로, 이러한 단기 및 중기의 결과는 이 목표 그룹인 55세 이상의 여성들 가운데 골다공증 및 골절 감소를 이끌어 낼 것이라고 예상할 수 있다.

이 예는 구성요소들이 어떻게 적합한 수준으로 표현되는가를 설명하는 데도 사용될 수 있다. 여기서 활동은 높은 수준의 일반성으로 표현되었다. 즉, 미디어 캠페인은 단순한 하나의 활동이 아니라 청중 확인, 대안 주제 개발, 메시지 수정, 미디어 캠페인 테스트가 포함된 여러 하위 활동의 총합이다. 대안적인 구성요소를 배열하여 하위 활동과 하위 산출 모두를 보여 주는 보다 엄밀한 수준을 사용할 수도 있다([그림 3-3]).

마지막으로, 이 예는 활동을 평행적이고 독립적인 사건으로 제시하는 듯 보이지만 꼭 그런 것은 아니다. 실제로는 미디어 캠페인이 어느 정도 성숙한 단계에 도달한 뒤에 골다공증에 대한 골다공

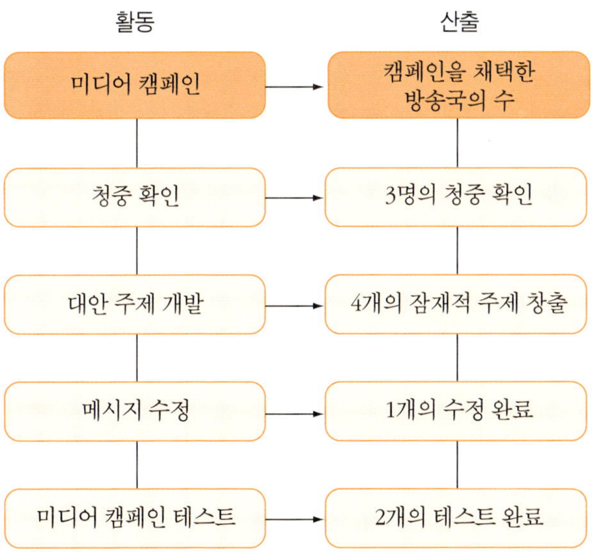

[그림 3-3] '미디어 캠페인과 관련 산출' 활동을 상세히 설명하는 간단한 프로그램

증 관련 안내지를 만들 수 있으며, 더 상세한 로직모델은 2개의 활동과 그에 관련된 시간 연속성 사이의 상호 의존성을 보여 줄 수 있다. 연속성과 배열방법에 대한 문제는 다음 장에서 더 논의하기로 한다.

2. 로직모델의 추가적 구성요소

지금까지의 논의는 로직모델의 투입, 활동, 산출, 결과라는 네 가지 구성요소에 초점을 두었다. 이에 더해 두 가지 또 다른 구성요소가 종종 로직모델에서 묘사된다. 하나는 상황(context)이고, 다른 하나는 영향력(impact)이다.

상황은 프로그램 혹은 개입이 일어나는 환경의 중요한 특징을 말하며, 결과물이 일반화되리라 기대되는 상황을 정의 내리거나 범위를 정하는 데 도움이 된다. 또한 상황은 환경의 사회적 · 문화적 · 정치적 측면들을 제기하기도 한다. 인종 · 성별 · 사회경제적 지위와 같은 인구통계적 요인들은 상황하에서 고려되는 변수 중 하나다. 인종적, 민족적, 종교적, 경제적 구성과 같은 지역사회 요인도 상황에 포함된다. 많은 프로그램의 경우 새로운 교육적 임무나 고위 관리의 교체 같은 정치적 요인이 상황으로 고려될 필요가 있다.

앞서 논의한 CDC의 예로 돌아가서, 프로그램이 개발되는 방법에 차이를 줄 수 있는 상황적 특성과 궁극적인 결과물이 일반화될 수 있는 상황들을 추가해 보도록 하자. 한 가지 상황요인은 캠페인의 대상인 여성들의 모국어(primary language)다. 프로그램이 활동되는 지역사회의 모국어가 스페인어라고 가정해 보자. 미디어 캠페인의 전략이 이해되는가의 여부는 스페인어로 정보를 보내는 미디어 표현 수단의 이용 가능성에 달려 있다. 만약 프로그램이 이러한 자원이 풍부한 지역사회에서 활동된다면, 대부분의 미디어가 영어 표현에 의존하는 지역사회에서의 결과와는 상당히 다를 것이다. 차이가 생기는 또 다른 상황요인은 캠페인이 활동되는 지역의 상대적 부나 빈곤이다. 만약 목표 대상이 상대적으로 부유하다면 의사 방문을 추진하는 계획이 적절하다. 그러나 목표 여성들이 저소득층이라면 의사 방문을 통한 영향력을 추구하는 것이 최상의 전략이 아닐 것이다. 만약 저소득층에 대한 캠페인이 영향력을 미친다면 그 영향력은 의사 자체가 아니라 보건봉사 활동과 같은 곳의 방문으로 탐지될 것이다. 이처럼 의미 있는 방식으로 프로그램을 변화시킬 수 있는, 그리고 궁극적으로 결과물이 다른 상황에 적용될 수 있도록 방법을 변화시킬 수 있는 수많은 상황요인들이 존재한다.

상황은 인구통계와 항상 관련되어 있는 것은 아니지만 인구통계에서 고려되어야 하는 점을 반영하기도 한다. 프로그램과 관련된 이전의 경험(인구통계)에서 중요한 상황적 요인들이 발견될 수 있으며, 이전의 경험이 긍정적이라면 새 프로그램이 촉진될 수 있을 것이다. 그러나 관련 프로그램이 나쁜 감정이나 불신을 남겼다면, 새 프로그램이나 개입 활동은 특별한 도전에 직면하게 될 것이다.

일반적으로 설명이 필요한 상황의 측면들은 환경의 특별한 특성을 정의하고 있는 요인들이며, 이 특성은 결과물의 복제나 일반화에서 고려되어야 할 것이다.

켈로그 재단(Kellogg Foundation, 2000)에 따르면, 영향력은 개입이나 프로그램을 통해 체계, 지역사회, 조직 안에서 발생하는 의도된 혹은 의도되지 않은 변화다. 로직모델 구성요소인 결과와 관련하여 영향력은 일반적으로 체계에 더 광범위하게 영향을 미치고 유지되는 변화라고 볼 수 있다. 예를 들어, CDC 프로그램의 목표가 골다공증에 어떻게 접근하고 치료하는가와 관련하여 건강 관리 체계를 개조하는 것이었다면, 이러한 변화들은 로직모델에서 영향력으로 간주될 것이다. 많은 교육 프로그램들은 또한 보다 나은 준비 프로그램이나 더 엄격한 입학시험을 통해 교사의 자질을 향상시키는 것과 같은 영향력에 초점을 둔다.

영향력을 제기하려는 시도는 중요하며, 수많은 대규모의 시도들이 영향력을 성취 목적으로 삼고 있지만, 영향력을 분명한 목적으로 삼지 않는 프로그램들이 훨씬 더 많다. 많은 프로그램들은 특정한 시간에 특정한 요구를 제기하는 것으로 목적을 한정시킨다. 여기서 논의된 로직모델의 두 가지 추가 구성요소 중에서, 평가자들은 영향력보다는 상황을 제기할 가능성이 훨씬 더 크다. [그림 3-4]는 상황과 영향력이 추가된 로직모델이다.

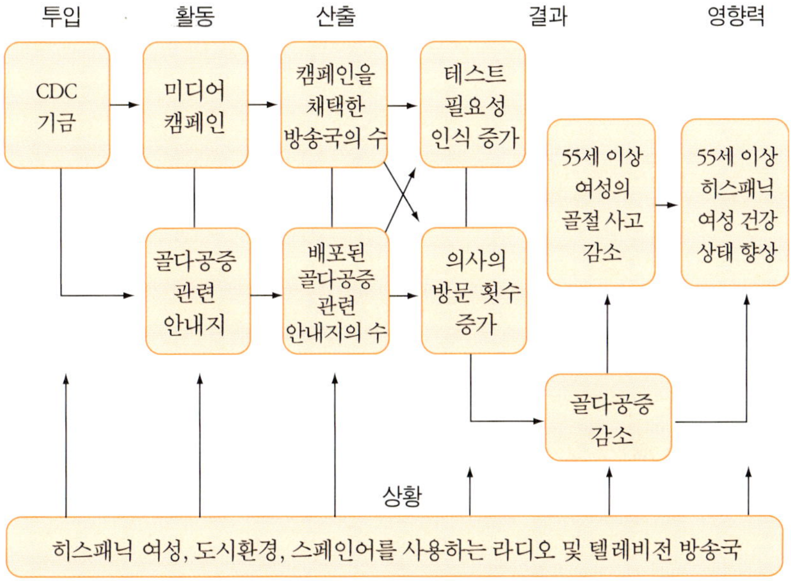

[그림 3-4] 확장된 로직모델

요 약

로직모델은 네 가지의 기본 구성요소, 즉 투입, 활동, 산출, 결과로 이루어진다. 이는 무엇이 달성되는지, 어떤 전략을 사용하는지, 어떤 자원을 가지고 수행하는지의 관점에서 한 프로그램의 변화이론을 설명한다. 로직모델은 구체적인 프로그램과 그 프로그램에 중요한 것이 무엇인가에 따라 세밀한 정도가 다양하게 개발된다. 또한 로직모델은 프로그램이 활동되는 특정한 조건인 상황과 프로그램이 더 큰 체계에 미치는 효과인 영향력까지의 설명을 포함한다.

로직모델의 구성요소를 설명하면서 산출과 결과 간의 차이를 이해하고 각각에서 나오는 정보 사용에 대해 명확히 해 두는 것은 중요하다.

생각해 볼 문제

1. 산출과 결과의 차이를 논의하라. 산출이 곧 결과가 되는 상황을 생각해 볼 수 있는가?
2. 대안학교의 발전이나 교장을 위한 리더십 프로그램 같은 여러 종류의 프로그램을 사용하여 어떤 것이 산출과 결과가 될지 목록을 만들어 보라.
3. CDC를 예로 하여 ① 중요한 다른 투입, ② 프로그램 활동과 결과의 일반성에 영향을 미칠 추가적인 상황적 특성을 확인해 보라.

04

로직모델에서의 연결성

제3장에서는 로직모델의 다양한 구성요소들을 논의했다. 로직모델의 구성요소인 투입, 활동, 산출 그리고 결과에 대해 설명했다. 이 구성요소들은 달성되어야 할 것, 사용되는 전략, 함께 이용되는 자원의 관점에서 변화이론과 연관이 있었다.

이 장에서는 로직모델의 배치에 대해 다음과 같은 논의를 마무리할 것이다.

- 구성요소들 간의 '연결성(connections)'이라 불리는 것을 논의한다.
- 연결성이 제공하는 정보의 종류를 확인한다.
- 로직모델에 '왜'와 '어떻게'를 추가하고 특정한 변화이론 뒤

에 있는 중요한 가정들을 충족시키는 데 연결성의 중요함을 설명한다.

1. 구성요소들 간의 연결성

로직모델은 구성요소들 간의 연결성으로 이루어진다. 제3장에서 구성요소에 초점을 두고 각각의 내용을 설명했는데 서로 어떻게 관련이 되는가, 이론이 어떻게 작용할 것인가를 실제 설명하는 것은 연결성이다. [그림 4-1]의 간단한 로직모델은 모델의 주요 구성요소들이 서로 어떻게 연관되는지를 보여 주기 위해서 제한적이고 1차원적인 연결성으로 나타낸 것이다. 그러나 연결성은 실제 대부분의 모델에서 훨씬 더 복잡하며, 정확하게 연결성을 기술하고자 하는 것은 가장 큰 문제의식이다.

투입 ⇨ 활동 ⇨ 산출 ⇨ 결과

[그림 4-1] 간단한 로직모델

여기서는 연결성을 설명하기 위해 제3장에서 제시한 로직모델을 사용한다([그림 4-2]). 이 로직모델에는 변화이론을 보여 주는 것과 사물이 단순히 동일한 구성요소의 일부임을 나타내는 것의 두 종류의 연결성이 존재한다. 구성요소들은 간단한 선으로 연결되는 한

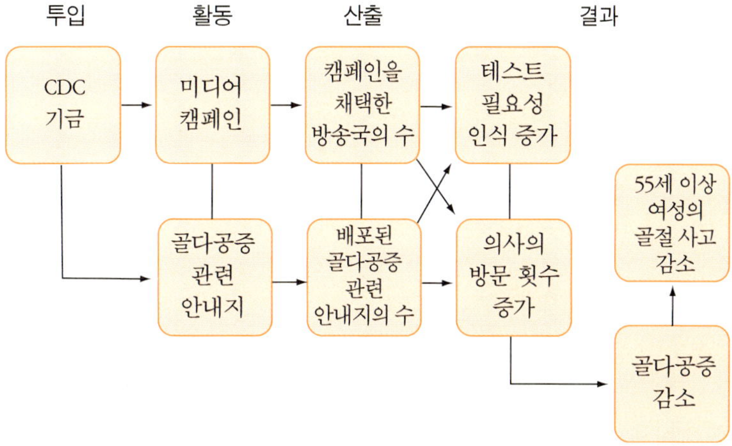

[그림 4-2] 로직모델의 기본 구성요소로 된 간단한 프로그램

편, 그 연결성은 항목들이 하나의 구성요소에 속한 부분임을 보여 준다. 즉, 제3장의 예에서 미디어 캠페인과 골다공증 관련 안내지는 한 선으로 연결되어 있고 모두가 활동이라는 세로 칸의 일부다. 이 같은 연결성은 활동과 산출 간에도 나타날 수 있다([그림 4-3]).

연결성에서 보다 중요한 것은 구성요소들이 서로 어떻게 영향을 미치는지 혹은 예상되는 결과를 이끌어 내기 위해 어떻게 상호작용하는지를 보여 주는 것이다. 이러한 역동적인 연결성은 일반적으로 영향력의 방향을 나타내는 화살표로 표현한다. 이러한 방향적 연결성은 단순히 떠다니는 상자들을 고정하는 접착제가 아님을 인지해야 한다. 그것은 이전 활동이 발생하고 난 후 그 결과로 나타날 것이라 예상되는 변화를 설명해 준다. 평가 업무의 하나는 모델에 제시된 연결성이 확인될 수 있는가를 사정하는 것이다(제8장

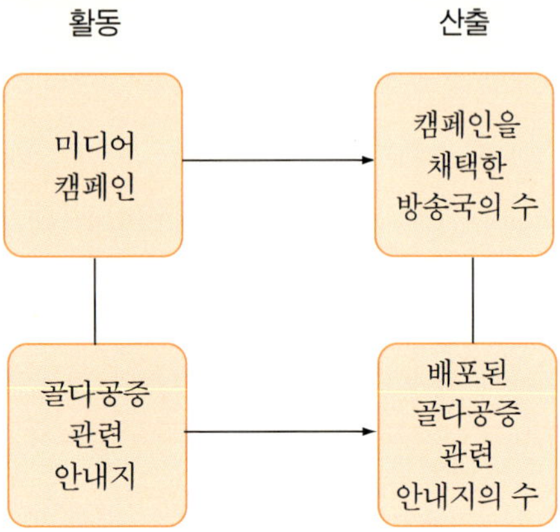

[그림 4-3] 구성요소 내 연관성을 나타내는 로직모델

에서 더 자세히 논의된다). 여기서는 변화이론을 실제 기술하는 이러한 역동적 연결성에 초점을 맞추고자 한다.

역동적인 연결성의 첫 번째 유형은 투입과 활동 사이로 [그림 4-4]

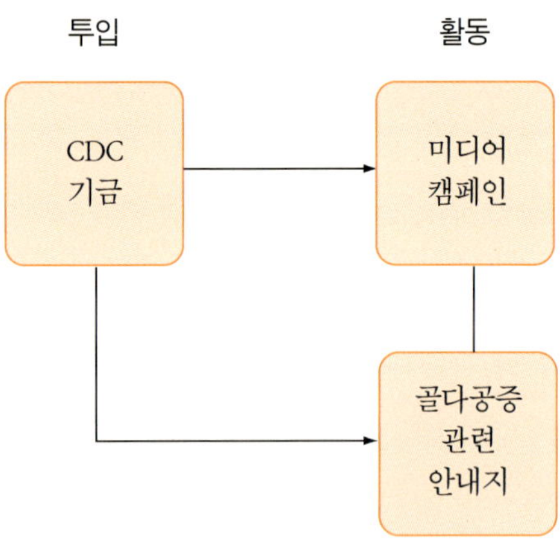

[그림 4-4] 투입과 활동 간 연결성

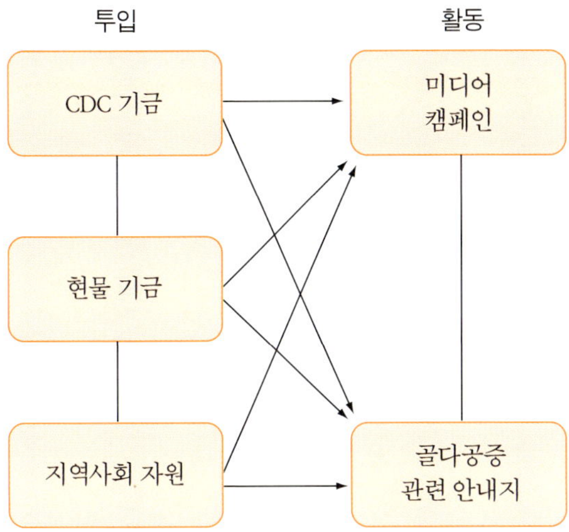

[그림 4-5] 복합 투입과 활동 간 연결성

에 나와 있다. 여기서 연결성은 프로그램에 의해 진행되고 있는 활동을 뒷받침하기 위해 이용할 수 있는 자원들이다.

투입과 활동 간의 연결성은 상당히 단순하며, 투입은 바로 두 가지 활동과 연결된다. 대부분의 프로그램들은 이용 가능한 자원이 개별 활동에 집중되어 있지 않고 전체를 지원한다는 개념하에서 작동한다. 예를 들어, 기금은 진행되는 전체 활동을 지원하기 위해 사용된다. 만약 로직모델의 일부로 지역사회 자원과 현물 기금 등 복합적인 투입이 있어도 원칙은 같을 것이다([그림 4-5]). 투입과 활동 간 연결성이 보다 세밀한 경우를 생각할 수도 있지만 여기서 제시한 예가 적합하다고 할 수 있다.

만약 한 구성요소의 모든 하위 구성요소들이 다른 구성요소의 모든 하위 구성요소에 연결된다면, [그림 4-6]에서처럼 모델을 단

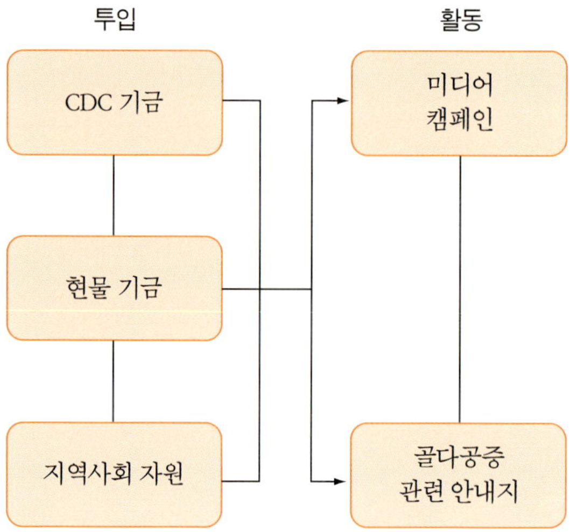

[그림 4-6] 복합 투입과 복합 활동 간 연결성의 간략화

순화하여 그 관계를 보여 주는 것이 더 쉽다. 이 그림의 연결 화살표는 모든 투입이 유사한 방식으로 활동에 영향을 미칠 것이라고 가정하는 변화이론을 나타낸 것이다.

역동적 연결성의 두 번째 유형은 활동과 산출 사이이다. 활동과 산출의 연결성은 특정 종류의 생산물 혹은 수량화가 활동의 증거로 나타난 것이다([그림 4-7]).

예를 들어, 미디어 캠페인이 수행되었다는 증거는 캠페인을 채택하고 사용하는 방송국의 수에서 알 수 있다. 골다공증 관련 안내지로 구체화되는 산출의 증거는 다양한 사람들에게 배포된 골다공증 관련 안내지의 수를 단순히 계산하는 것이다.

여기서의 연결성은 각 활동의 결과로 예상되는 산출 혹은 생산

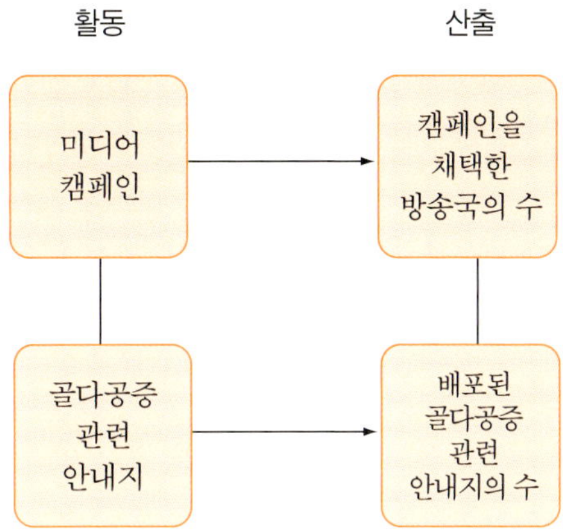

[그림 4-7] 활동과 산출 간 연결성

물을 보여 준다. 산출은 특정 활동과 직접적으로 연결되고, 각 활동의 예상된 산출은 서로 다를 수 있다. 이전에 강조했듯이, 이러한 예상된 산출은 활동의 자질이나 적합성에 대해서는 아무것도 말해 줄 수 없음을 기억해야 한다. 단지 무언가가 발생했다는 증거가 될 뿐이다. 로직모델은 주어진 활동에 연결된 여러 산출을 보여 준다는 것을 인식하는 것이 중요하다. 반대로 여러 가지 활동이 동일한 산출에 연결될 수 있다. 그러나 대개 각 활동마다 별도의 산출을 가지는 것이 더 바람직하다. 따라서 적절한 묘사는 당신이 묘사하고자 하는 특정 변화이론에 달려 있다.

앞의 예에서 간단한 로직모델은 미디어 캠페인이라는 활동에 대해 캠페인을 채택하는 방송국의 수라는 하나의 산출을 가진다. 보다 복잡한 모델이라면 하루에 몇 번 방송되는가 혹은 몇 주 동안 방송되는가와 같은 추가적인 산출을 포함할 수도 있다. 이를 표현한

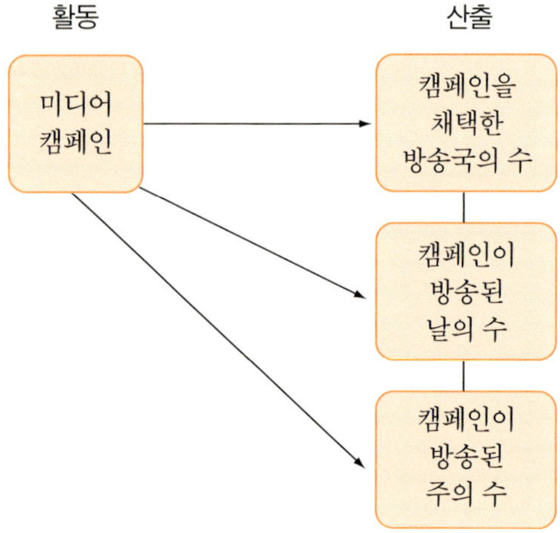

[그림 4-8] **복합 산출과 활동**

모델이 [그림 4-8]이다. 이 그림의 모델에서 역동적 연결성은 미디어 캠페인 활동과 3개의 서로 다른 산출 사이에서 이루어진다.

[그림 4-9]는 모든 연결에 대해 설명이 되지 않고 결함이 있는 로직모델이다. 이 모델에는 골다공증 관련 안내지의 활동에 대해 지정된 산출이 없다. 골다공증 관련 안내지의 활동이 행해졌다고 문서화하거나 인정하는 어떤 체계가 없다면 변화이론은 불완전한 것이다.

역동적 연결성의 세 번째 유형은 산출과 결과(대개 단기 결과) 사이다. 이 연결은 활동과 산출을 변화의 초기 신호로 보는 것과 관련된다. 모든 산출은 다시 하나 이상의 결과로 연결되어야 하며, 이때 여러 가지 산출이 하나의 결과에 연결될 수 있다. 지금까지 보아 왔던 사례의 과정이 [그림 4-10]의 로직모델이다. 이 모델은

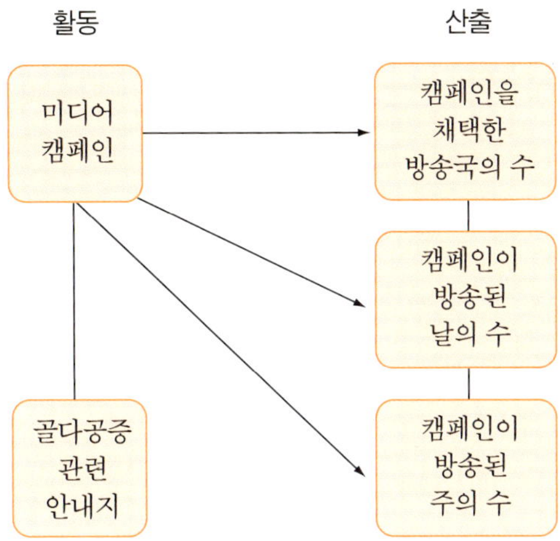

[그림 4-9] 결함이 있는 로직모델

2개의 활동과 산출이 같은 단기 결과에 영향을 미치는 것을 나타내고 있다.

이 경우 활동과 산출이 결과에 똑같이 연결되어 있다. 그러나 대부분의 프로그램은 적어도 단기간에 상이한 결과를 가져올 것으로 기대하는 활동들을 가지고 있다는 것을 인지하는 것이 중요하다. 로직모델은 이러한 단기 결과를 보여 주고 그것을 특정한 활동과 연결시켜야 한다. 궁극적으로 특정한 활동이 동일한 결과에 기여하리라 예상되어도 말이다. 로직모델을 개발하면서 저지르는 흔한 실수는 단기간의 연결을 구별하지 못하고 단순히 모든 활동을 결과의 전체에 연결시켜 전혀 구별하지 않는 것이다. 이렇게 되면 이론은 흐트러지고 검토되어야 하는 전 활동 범위를 찾지 못할 수 있다. 이전의 예로 돌아가서 어떻게 이런 일이 생기는지 알아보자.

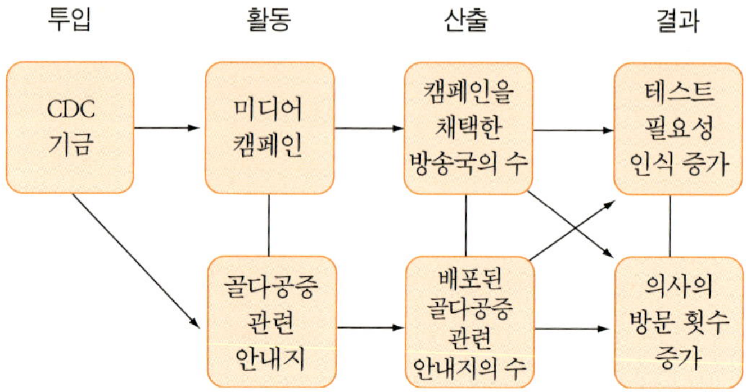

[그림 4-10] 단기 결과 연결성

프로그램의 두 가지 다른 부분들이 첫째는 유방 X선 촬영과 가능한 문제 사실에 좀 더 친숙해지도록 하는 지역사회 노동자 대상 교육 캠페인이고, 둘째는 여성들이 보다 자주 의료 검진을 받도록 설득하는 데 도움이 되는 지역사회 구성원들을 다루는 전략이라고 가정하자. 이 경우 변화이론은 두 가지 시도 모두 보건 예방 실천에 있어 장기간 변화를 달성하는 데 필요하다고 주장한다.

로직모델은 이제 미디어 캠페인과 골다공증 관련 안내지에 대한 독립된 단기 결과와 교육 캠페인을 포함해 각각으로부터 무엇이 예상되는지, 그리고 이후 평가질문 개발을 위한 지침으로서 무슨 역할을 하는지 보여 줄 것이다([그림 4-11]).

부정확한 묘사는 [그림 4-12]와 같은 형태를 취할 것이다. 두 로직모델에 하위 구성요소들이 있지만, 첫 번째에는 특정 활동과 산출, 산출과 단기 결과 간의 연결성이 분명하고 정확하게 나타나며 변화이론이 확실하게 제시되어 있다. 그러나 유감스럽게도 활동

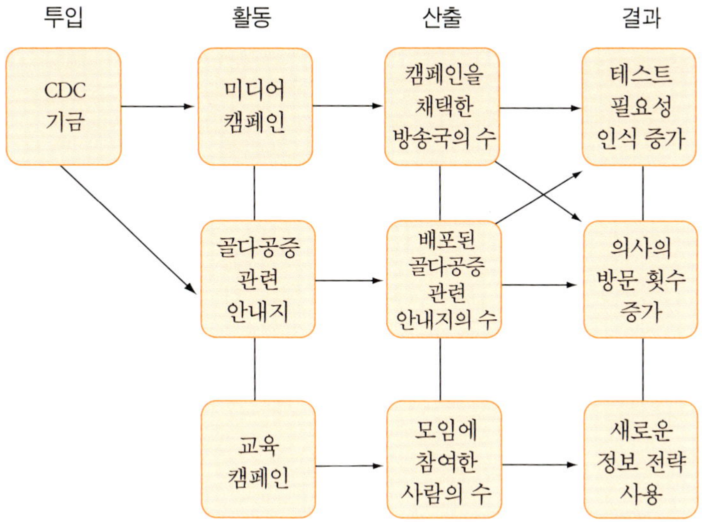

[그림 4-11] 단기 결과 로직모델의 예

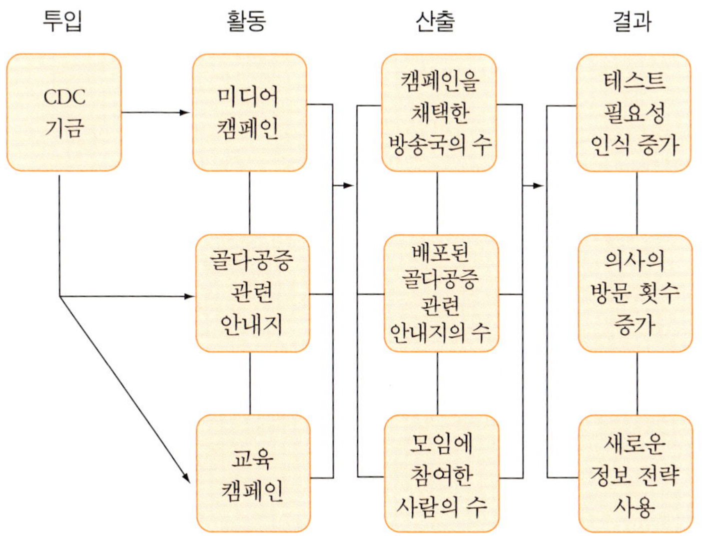

[그림 4-12] 적절히 설명되는 연결성이 없는 로직모델

(혹은 산출)의 각 구성요소들을 적절한 설명 없이 결과의 각 세트와 연결시키는 실수를 자주 한다.

어떤 단기 결과도 확인될 수 없는 경우가 있음을 인식하는 것 또한 중요하다. 항상 그런 것은 아니지만, 일부 활동의 결과는 다른 결과보다 나타나는 데 더 오래 걸리기도 한다.

마지막으로, 로직모델은 단기 결과를 중기 결과로, 중기 결과를 장기 결과로 이어 주는 연결성을 보여 준다([그림 4-13]).

결과를 구별하지 않고 시간대로 분리하는 것은 간단한 일이 아니다. [그림 4-13]에서 이론은 테스트 필요성 인식의 증가와 의사의 방문 횟수 증가가 동시에 발생해야 하고, 둘 중 하나가 앞서는 예외는 없음을 말한다. 둘 다 궁극적으로 골절 사고 감소를 이끌어 낸다는 가정이다.

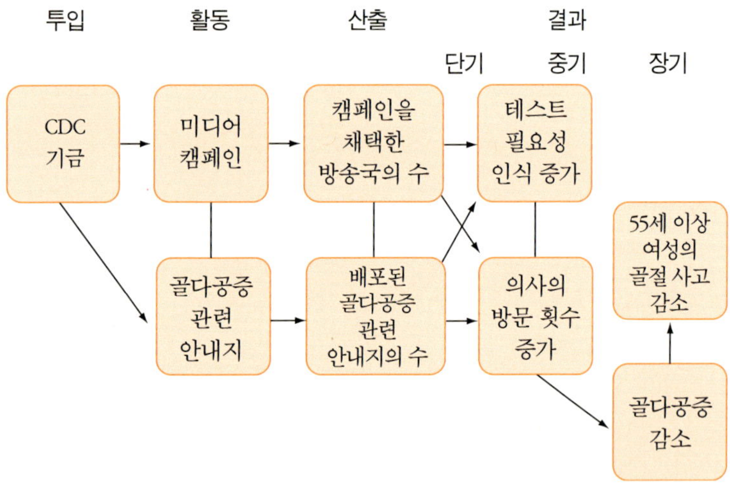

[그림 4-13] 단기, 중기, 장기 결과가 설명된 로직모델

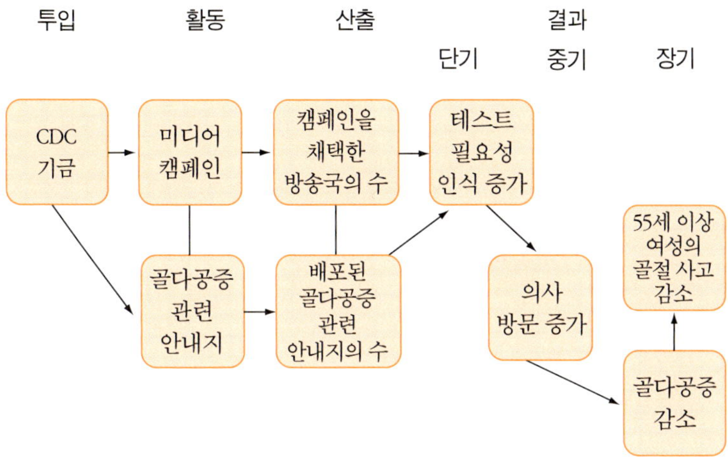

[그림 4-14] 단기, 중기, 장기 결과가 단계적으로 설명된 로직모델

[그림 4-14]는 프로그램에 내재한 변화이론에 관련하여 평가를 위한 상이한 메시지를 전한다. 이 그림의 함축적 의미는 만약 이론이 정확하다면 인식(테스트 필요성에 대한 인식)이 먼저 발생하고, 그다음 의사를 방문하며, 그 뒤 골다공증이 줄어들고, 골절도 줄어든다는 것이다. 이러한 설명은 변화가 나타나는 데 다소 긴 시간틀을 제시한다.

2. 피드백 고리

앞에서 우리는 한 구성요소 안의 하위 구성요소들 간의 연결성에 대해 이야기했다. 이러한 하위 구성요소들의 간단한 직선 연결성을 확인했으며, 이 선은 실제 역동적이지 않지만 한 활동 내의 관계를 보여 준다고 했다. 어떤 로직모델에서는 또 다른 유형으로 상호작용을 설명하는 구성요소들 사이의 상호 교차하는 피드백 고리의 연결성이 존재한다. 이는 하위 구성요소들이 프로그램 운용의 적합성을 확인할 수 있는 정보를 어떻게 얻어 나가는지를 보여 준다. 피드백 고리는 한 활동으로 얻은 정보가 언제, 어떻게 다른 활동에 영향을 미칠 것인지를 확인시켜 준다.

피드백 고리는 프로그램이 무엇을 나타내는지에 따라 그 확인의 중요성을 말해 준다. 다년간 혹은 다면적 프로그램의 경우 초기 활동에서 배운 것이 치료의 수정(혹은 확인)을 초래한다고 예상할 수 있지만, 계획된 피드백 고리는 아주 중요하다. CDC 프로그램의 예에서 만약 계획이 미디어 캠페인을 시험하고 단기 결과의 초기 사정에 근거하여 그것을 수정하는 것이었다면, 모델은 [그림 4-15]와 같이 나타날 것이다.

여기서 피드백 고리는 산출 측정을 통해 획득된 정보와 단기 결과인 '인식'이 초기 시행에서 충분히 효과적이지 않을 때 미디어 캠페인을 다듬고 수정하는 데 사용된다는 것을 나타낸다.

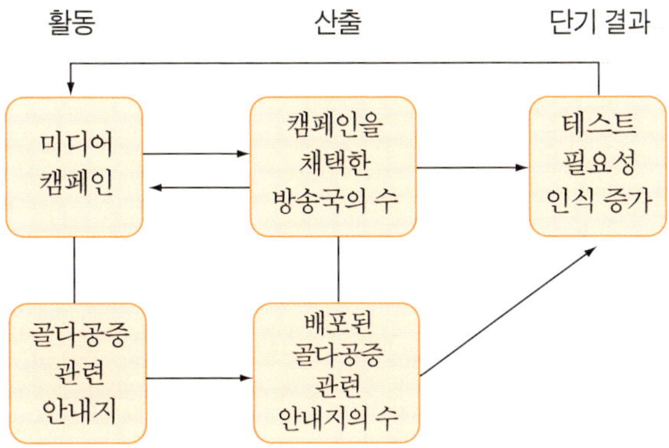

[그림 4-15] 활동, 산출, 단기 결과 간 피드백 고리가 있는 로직모델

요 약

연결성은 로직모델 속의 변화이론을 분명히 표현하는 데 중요한 역할을 한다. 그것은 다양한 구성요소들이 어떻게 관련되는지 보여 주고 발생이 예상되는 상호작용과 피드백을 설명한다. 프로그램의 중심은 가정된 연결성이 확인될 수 있는가를 시험하는 것이다. 연결성이 확인되지 않으면 변화이론은 단순히 구성요소들을 기술하는 것일 뿐이고, 프로그램 설명과 프로그램 평가 모두에 있어 중요한 부분인 왜 혹은 어떻게를 명확하게 할 수 없게 된다.

로직모델 개발에서 끊임없는 도전사항은 설명이나 기술을 위한 세부사항의 기준을 결정하는 것이다. 이론은 세부사항이 불충분할 경우 설명적 힘을 잃어 평가의 중요한 구성요소들을 놓치게 된다. 그러나 너무 자세한 사항이 이용되면 로직모델은 억눌려 사소한 것에 꼼짝 못하게 될 것이다. 대부분의 로직모델은 세부사항을 변화시키면서 유익을 얻는다. 노력의 우선순위를 결정하는 것이 중요하다.

생각해 볼 문제

1. CDC 프로그램에 미디어 캠페인, 간단한 보고서, 가정방문자 구성요소와 같은 활동들이 포함된다고 가정하자. 가정방문자 구성요소는 동일한 목표에 도달하려는 세 번째 형태의 전달 메커니즘이 되기 위한 것이다. 이 활동에서는 적합한 사람을 선택하여 훈련시키고 관련된 문제를 정확히 이해하는가를 확인하는 것이 중요하다. 로직모델 안의 활동에 대한 각각 다른 적합한 수준의 연결성을 설명하라. 왜 더 큰 혹은 더 작은 수준을 사용했는지 설명하라.
2. 동일한 프로그램을 두고 복합적 활동과 그 산출 간의 연결성을 만드는 올바른 방식과 잘못된 방식을 확인하라.
3. 이제 피드백 고리를 추가하라. 그것이 프로그램에 어떻게 영향을 미칠 것으로 보는가?

05 평가 지원을 위한 로직모델 개발

이 장에서는 로직모델 개발과 그에 필요한 몇 가지 요인들을 논의할 것이다. 우리는 로직모델 개발과 프로그램 개발 간의 상호작용에 대해 말하면서 로직모델이 살아 있는 도구라는 것을 주제로 하였다. 로직모델 개발은 변화이론에 필수적이거나 필수적이지 않은 활동들을 분류하고 제거하기 위한 방어벽으로 사용될 수 있다. 로직모델 개발에 대한 논의는 다음 주제를 중심으로 구성된다.

- **팀 구성**(teaming): 로직모델을 만들기 위한 프로그램 직원 또는 이해도 그리기
- **협력학습**(collaborative learning): 공동 문제 해결을 통해 성공 기준과 프로그램에 대하여 공유된 지식 개발하기

- 시기(timing): 새로운 정보에 대한 경험을 중심으로 로직모델을 다시 살펴보고 다듬기

1. 팀 구성

로직모델 개발은 최소한 프로그램 개발자와 평가자 등 팀이 구성되어야 개발과정이 촉진되고 향상된다. 프로그램 개발자와 평가자는 각자 자신들의 기술, 지식 그리고 동일한 활동, 목적, 목표에 대하여 종종 의견이 다를 수 있다. 다시 말해, 프로그램 개발자들은 무언가에 대해 어떻게 최선을 다할 것인지를 강조하는 경향이 있고, 평가자들은 프로그램이 계획한 대로 잘 작동되고 있는지 그리고 기대하는 결과가 획득되었는지를 보다 강조하는 경향이 있다. 이처럼 함께 작업하면서 그들은 결과물인 생산물을 크게 향상시킬 수 있다.

팀을 구성해야 한다고 강조하는 것이 극히 드물지만 평가자나 프로그램 개발자가 독립적으로 로직모델을 개발할 수 없다는 의미는 아니다. 평가자들이 로직모델 개발에 첫발을 내디딘 것은 프로그램 변화이론을 설명하기 위해 필요한 연결성과 관계에 대한 묘사를 프로그램에 대한 이해를 바탕으로 추출해 내면서부터다. 그러나 로직모델이 그 작업을 이행하고 그 개념을 발전시킨 이들(프로그램 개발자)의 지식에 합당치 않으면 정확성과 유용성이 줄어들 것이다.

처음부터 로직모델의 의미에 대한 공통된 이해를 개발하는 것이 중요하다. 제3장과 제4장에서 로직모델을 이루는 구성요소와 연결성에 대해 깊이 있게 설명했듯이, 유사한 관점과 정의의 공유가 로직모델 개발 전에 이루어져야 한다. 모든 사람들이 산출과 결과 사이의 차이를 이해하는 것이 중요하다. 또한 모델이 변화이론을 설명한다면 주의 깊게 표현된 연결성의 필요성을 이해하는 것이 중요하다.

공동 작업은 어떻게 일어날 수 있는가? 팀이 로직모델을 개발하는 방식은 다양하다. 하나는 각 개인이나 적은 수의 사람들이 함께 일하면서 개별 모델을 개발하고 나타나는 모델들을 비교하는 것이다. 이는 참여한 모든 사람들이 로직모델을 실제 잘 이해하고 있을 때 좋은 접근방법이다. 이 경우가 아니라면 변화이론을 공유하고 이해의 차이를 논의하는 것보다 형태와 형식의 혼란을 처리하는 데 지나치게 많은 시간을 소비할 것이다. 교육과 기술의 적용은 둘 다 도전을 의미하므로 두 가지 목적을 동시에 달성하려는 무리를 하지 않는 것이 최선이다.

함께 일하는 데 보다 생산적인 방식은 구성요소와 연결성을 기술하면서 형태와 형식에 나타날 수 있는 오해를 수정하는 것이다. 목적에 대한 동의가 없다면 활동에 대한 동의는 의미가 없을 것이라는 점에서 목적 기술부터 시작하는 것은 좋은 생각이다. 하지만 목적에 대한 동의 없이 프로그램을 시작하는 경우가 많다는 것이 문제다. 개발자들은 무엇을 달성하고자 하는가보다는 무엇을 하고 싶은가를 더 명확히 해야 한다.

목적을 제기할 때는 정확히 '무엇과 어떻게' 에 대한 보다 확실한 정의로 넘어가기 전에 비교적 거시적인 차원에서의 동의에 도달하려고 노력하는 것이 바람직하다. 예를 들어, '학생 학습(student learning)' 이 바람직한 결과라면, 초기 로직모델 개발에서 목표(target)는 학구적 학습이거나 수학 지식 향상으로 한정하고, 학습이 과정등급, 결과물 혹은 시험점수를 통해 문서화되는지의 여부를 결정하는 데 지나치게 많은 시간을 소비하지 않아야 한다. 어떤 학습지표를 사용할 것인지 합의하는 것이 중요하지만 처음부터 합의할 필요는 없다. 유사하게, '교사들을 위한 전문적 업적 개발' 이 하나의 핵심 활동이라면, 누가 전문적 개발을 전달할 것인지와 어떠한 경험이 전문적 개발로 간주되는지를 결정하는 것은 미룰 수 있다.

구성요소가 정의되고 연결성이 명확해짐을 논의하는 것은 프로그램 활동과 평가 설계 및 개선 모두를 위해 매우 중요할 것이다. 로직모델을 개발할 때 문제가 생기는 것은 흔한 일이다. 로직모델을 개발하는 행위는 프로그램에 즉각적으로 영향을 미칠 수 있다. 급하게 추진함으로써 논의에서 벗어난다고 해도 장기적으로는 상쇄될 것이다. 이는 다음 사례를 보면 이해할 수 있다.

평가자와 프로그램 개발자가 교사 자질 향상을 위한 기금을 위해 로직모델을 함께 개발하고 있었다. 논의가 하나의 결과—협력기관에 2+2 프로그램(고등학교 마지막 2년과 대학교육 2년을 조합하는 프로그램)을 개설하는 것—에 다다르자, 기관의 대표자들이 고등교육기관의 정책이 프로그램의 초기 2년에서 중등과정 후 수준까지 학점 이동을 허락할 것인가에 대해 논쟁을 벌이면서 논의는 수렁에 빠지게 되었다. 운용되는 정책의 분명한 차이점을 생각하면서 2+2 상황을 다룰 방법에 상당한 에너지를 소비하고 나서야 팀은 추가 활동(정책 검토와 개발)과 추가 결과(학점 인정에 관련된 정책 일관성)의 필요성을 인지했다. 이 정책의 변화가 없다면 프로그램을 개발하고 그것을 실행하기 위해 교사를 훈련시키려는 것은 헛수고가 될 것이다. [그림 5-1]과 [그림 5-2]는 이 논의에서 나타난 1차 및 2차 로직모델이다.

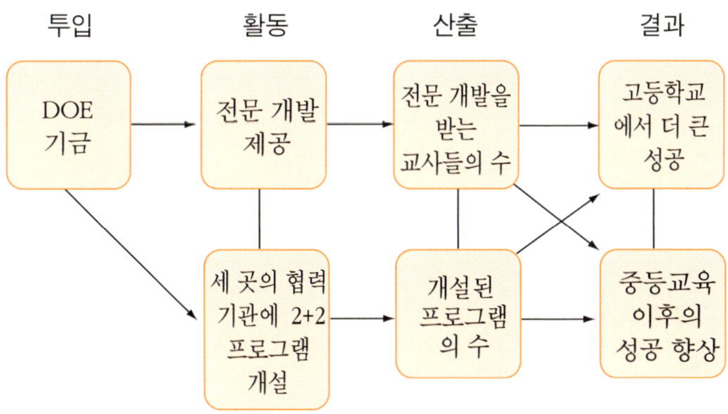

[그림 5-1] 교사 자질 향상을 위한 초기 로직모델

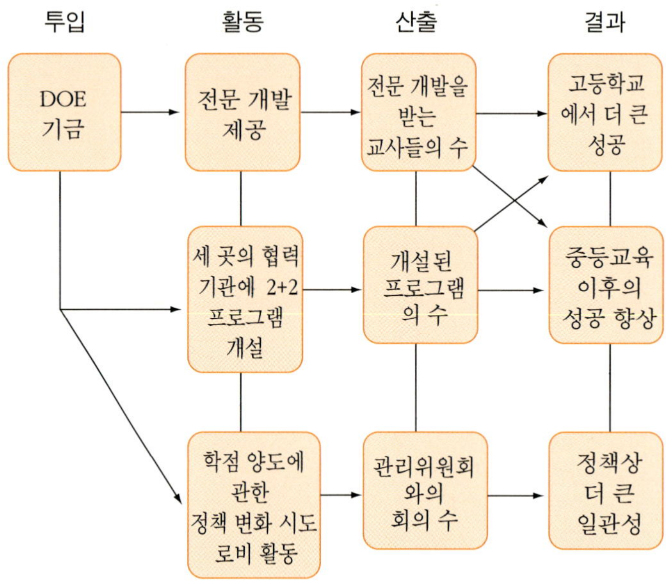

[그림 5-2] 교사 자질 향상을 위한 수정된 로직모델

2. 협력학습

로직모델 개발에서 도출되어야 하는 합의는 변화이론뿐만 아니라 변화의 존재나 부재가 어떻게 인지되며, 궁극적으로 어떻게 측정될 것인가를 제기하는 것이다. 로직모델의 기본 구성요소들을 배열하는 것에 대해 논의하면서 강조한 부분은 참가자들이 세부사항을 너무 빨리 자세히 설명하지 않아야 한다는 점이었다. 구조의 정의를 좀 더 심화시킬 세부사항을 시작하기 전에 전반적인 구조가 자리 잡도록 하는 것이 중요하다. 논의를 뒤로 미룬다는 것이

논의를 무시한다는 의미는 아니다. 합의과정에서는 로직모델이 완전하다고 보기 전에 정의에 대한 보다 세부적인 수준을 살펴보는 일이 필요하다.

다음 단계는 무엇인가? 전체 모델이 개발된 후에는 구성요소에 의해 나타나는 주요 구성체로 돌아가는 것과 이러한 구성체가 팀 구성원들은 구체적으로 무엇을 의미한다고 생각하는지를 탐구하는 것도 중요하다. 정의에 대해 동의하고 나면, 마지막 단계는 측정이 어떻게 일어날 것인가를 보다 정확하게 결정하는 것이다. 이 과정에서 취해야 하는 것은 포괄적인 개념이나 구성(construct)에 대한 정의에서 관찰하려는 것이 보다 구체적으로 조사될 수 있도록 상술하는 것인데, 이는 종종 '조작화(operationalization)' 로 언급된다.

우리의 예에서 학생 학습이 무엇인가에 대한 논의를 연기하는 것은 로직모델 개발의 시작부에서 아마 전략적일 것이라는 점을 지적하였다. 일단 전체 모델이 확립되면, '학생 학습' 이란 결과와 그것이 팀 구성원들에게 의미하는 바가 더 자세히 검토되어야 한다. '학생 학습' 은 표준시험 수행능력과 같은 것인가? 높은 수준의 시험인가? 일종의 사정도구인가? 팀 구성원들은 어느 정도로 결과에 대한 복합적 정의를 가지는 것이 중요하다고 느끼는가? 학생 학습은 등급, 결과물, 도전적 과정 참여 그리고 시험의 수행능력에서 검토되어야 하는가?

학생 학습의 정의를 합의하는 과정은 도전적인 과제일 테지만, 더 모호한 구성이 조작화되어야 할 때만큼 어려운 도전적 과제는 아니다. 앞의 예에서 '기반시설 변화' 의 결과는 로직모델 이행의 결과라는 것이 확인되었다. 기반시설 변화라는 구성은 어떻게 조작화될 수 있는가? 첫 번째 정의는 제도를 건너서 정책의 일관성을 향상시키는 것이다. 만약 정책이 변하고 강화된다면 관련된 집단에 영향력이 퍼질 가능성이 증가하고, 즉각적으로 개입되어 있는 집단들을 뛰어넘어서 확대될 가능성이 높아져 시간이 지남에 따라 유지될 가능성이 증가한다. 두 번째 정의는 그 작업을 이행하는 개인들의 능력 변화를 제기할 수 있을 것이다. 세 번째 정의는 이전까지의 관례를 변화시키는 새로운 서비스 전달 모델이 될 수도 있을 것이다.

로직모델에서 용어의 의미를 정의하기 위해 파트너들이 협력해서 일하다 보면 용어의 정확한 의미에 관하여 새로운 지식이 발생한다. 이러한 지식은 평가자들이 측정되어야 하는 것은 무엇인지와 궁극적으로 최상의 이익이 되는 지표를 가장 잘 측정하는 방법을 결정하는 데 도움이 될 것이다.

또 다른 예는 용어를 조작화하는 데 협력학습의 역할을 설명하여 용어들이 보다 정확히 측정될 수 있도록 하는 것이다. 국립과학재단(NSF)은 수학과 과학 교육의 질을 높이기 위한 한 방편으로 지역체계적 시안(local system initiatives)을 시작하였다. 초등 수준의 수학과 과학에서 시작한 이 프로그램은 전 등급에 걸쳐 있다. 프로그램에 내재된 변화이론의 중점은 표준에 기초한 커리큘럼을 사용하는 고품질의 전문 개발이 교수법의 향상과 학생의 학습 향상을 증가시킨다는 점이다.

이 프로그램의 원래 로직모델로, [그림 5-3]에 이러한 핵심 요점

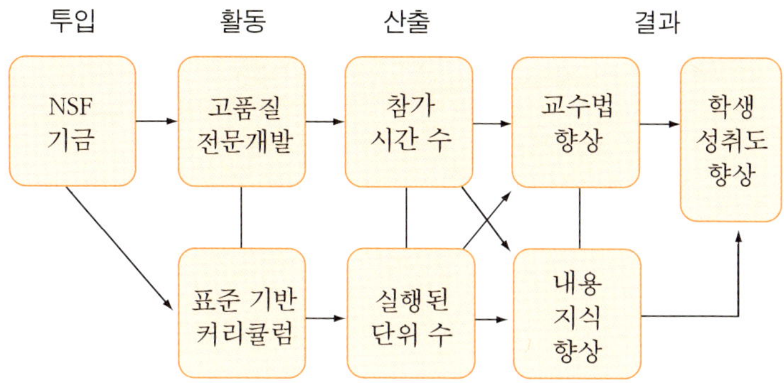

[그림 5-3] 지역체계적 시안을 위한 로직모델

이 나타나 있다.

이 모델이 개발되면서 무엇이 전문적 개발로 고려되어야 하는가에 대한 설명이 필요했다. 프로그램에는 교사들이 적어도 120시간의 전문 개발을 이수해야 한다는 요건이 있다. 따라서 어떤 종류의 경험을 총 120시간 동안 해야 하는가에 대한 질문이 발생한다. 이에 따라 주나 지역 표준, 코칭이나 멘토링 참가, 학과 연구 그룹에 동참하는 일의 견지에서 커리큘럼 재검토나 커리큘럼 지침 개발과 같이 교사들이 참여할 수 있는 커리큘럼 관련 활동의 역할을 중심으로 논쟁이 벌어졌다. 다소 가열된 논의 후, 무엇을 포함하고 무엇을 포함하지 않을 것인지의 최종 결정이 내려졌다. 이 결정에 도달하기 전에는 평가자들이 측정과 측정과정을 확인하는 과제를 완료할 수 없었다.

3. 시기

앞서 우리는 로직모델 개발은 프로그램의 진전단계 중 시작, 중간, 끝 부분에서 다양하게 발생할 수 있다는 사실을 논의하였다. 로직모델은 프로그램 설계와 계획의 일부로 개발되는 것이 이상적이기는 하지만, 프로그램이 진행된 후에 도입되어도 상당한 효용성이 있다. 프로젝트의 끝에서 발견된 사항들을 문서화하는 로직모델을 개발하는 것 또한 그 분야에 도움이 될 수 있다.

모델이 처음 개발될 때마다 그것을 올바르게 유지하기 위해서는 시간이 걸릴 것이다. 로직모델은 올바른 구성요소와 연결성이 생겼다는 동의가 있기 전에 여러 번 다시 보고 수정과정을 거쳐야만 한다. 이는 힘들고 좌절스럽기까지 한 과제가 될 수도 있지만 결국에는 대부분 상당한 보상을 거두는 것이다. 이것이 프로그램에 내재된 변화이론, 궁극적으로 보다 견고한 단위를 구성하게 되는 일종의 틀 구축의 전형적인 과정의 일부임을 깨닫고 문서화하는 것은 중요하다.

또한 모델은 최종적으로 굳어지는 것이 아니며 프로그램의 끝에 개발된 모델이라도 이후의 경험으로 수정될 수 있기 때문에 시간이 흐름에 따라 변할 수 있음을 깨달아야 한다. 제4장에서 논의한 피드백 고리는 변화를 위한 하나의 특정한 자극원이다. 종종 프로그램을 이행하려는 노력은 활동으로 처음에 간과되었던 것이 나타나게 할 수 있다. 유사한 프로그램을 연구하면서 얻은 정보 또한 모델에 새로운 요소로 도입될 수 있다. 시간과 자원이 모두 충분하다면 로직모델을 다듬고 현실의 상황에서 새 모델을 시험해 보는 것도 가능하다. 평가자와 프로그램 개발자는 프로그램이 진행되는 동안 확립된 모델을 재차 살펴보는 것이 중요함을 인지해야 한다.

요 약

이 장에서는 로직모델을 개발하면서 고려해야 할 것과 발생하는 혜택들을 논의하였다. 로직모델 개발의 여러 가지 특징들이 강조되었는데, 그 중에서도 로직모델 개발은 팀 경험이며, 일반적으로 참가하는 이들에게 새로운 지식을 일으키며, 반복적인 진행과정이라는 것이다. 로직모델의 틀을 적용하는 데 따른 혜택은 조기에 확인될 수 있고, 새 정보가 통합될 때까지 계속해서 나타날 것이다.

생각해 볼 문제

1. 교사자질 프로그램의 예를 생각해 보라. 평가자가 혼자 로직모델을 개발한 뒤 그것을 프로그램 팀에게 주면서 단지 확인해 줄 것을 요청했다고 가정해 보자. 이 팀은 한 부분이 빠졌다는 것을 인지할 것이라 생각

하는가? 그 이유는 혹은 그렇지 않은 이유는?

2. 이 장에서 우리는 조작화라는 용어를 여러 번 사용했다. 한 구성을 조작화한다는 의미가 무엇인지 논의하라. 당신은 향상된 분위기나 강력한 파트너십과 같은 성과를 어떻게 조작화할 것인가?

3. 이 장에서는 로직모델은 살아 있는 것으로 시간이 흐름에 따라 변함을 강조한다. 이러한 점은 왜 강점이 되는가? 또한 어떻게 약점으로 증명될 수 있는가?

06 다양하고 복잡한 로직모델 개발

이 장에서는 다양한 프로그램을 위한 로직모델 개발을 보다 자세히 살펴볼 것이다. 다양하고 복잡한 프로그램에 유용한 도구 및 대안적인 변화이론들이 어떻게 구성되는지에 대해 설명한다.

평가자가 로직모델을 개발하기 위해 이해관계자들과 일하면서 부딪힐 수 있는 현실적인 문제를 제시하는 사례를 든 다음, 사례에서 논의된 프로그램을 추적하여 로직모델이 평가질문들을 관리하는 데 어떻게 도움이 되는지를 보여 줄 것이다.

1. 프로그램 1

블로든 테크(Blowdon Tech)는 나노기술에 대한 단위별 체계이론의 새로운 기본 과정을 개발하고 있다. 이 과정의 목적은 대학생에게 나노기술을 소개하여 관련 분야의 추가 과정을 밟도록 그들의 흥미를 돋우는 것이다. 프로그램은 과정을 개발하고 이행하기 위해 함께 협력할 공학, 생물학 그리고 경영대학원 교수단이 필요했다. 이러한 상호작용을 통해 교수단이 다른 과정이나 연구 프로그램에서도 함께 일해 줄 것을 희망하고 있다.

프로그램은 부분적으로 플리커 재단(Flicker Foundation)과 최고경영자회의(Business Roundtable: BR)의 보조금을 받고 있다. 이 그룹들은 연구를 통해 학생들이 학문적으로 더 준비되고, 또한 최신 지식을 전체 과정에 더욱 통합시키게 될 것이라고 희망하고 있다. 결국 그들은 지역 공동체에 이용될 수 있는 노동력의 자질에 기여하는 것이 성공적인 프로그램이라고 본다.

플리커 재단은 보조금 제공의 조건으로 프로그램이 외부 평가를 받을 것을 요구했다. 또한 이 평가의 초기단계는 이해관계자들의 공동 지식을 대표하는 로직모델의 개발이어야 한다고 명시했다.

평가자는 교수단과 만나 프로그램을 위한 로직모델을 개발하기 시작하였다. 그들은 예상결과부터 시작하였는데([그림 6-1]), 교수단의 예상결과 목록은 다음과 같다.

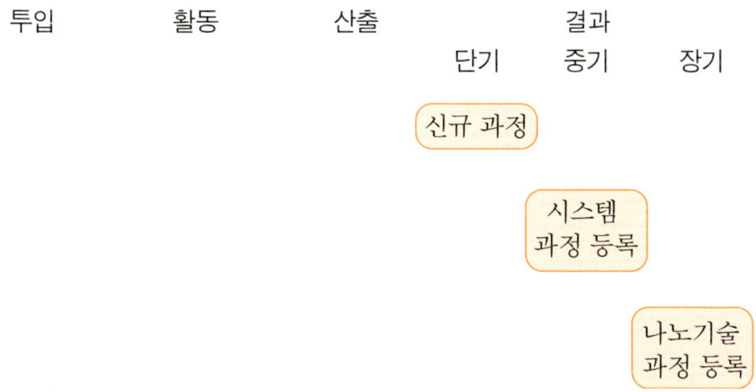

[그림 6-1] 초기 결과

- 신규 과정 개발
- 기본 시스템 과정 등록 증가
- 나노기술 과정 등록 증가

평가자는 세 가지 결과를 본 뒤 즉각 두 가지 문제를 지적했다. 첫째, 결과 중 하나는 결과가 아닌 산출이다. 즉, 신규 과정 개발은 프로그램의 중요한 일부이긴 하지만 실제 프로그램의 목적(goal)이 아니다. 목적은 학생의 과정 선택 패턴에 영향을 주는 것이다. 달성된 것이 새로운 과정의 창조라고 했을 때, 교수단은 이를 성공이라고 보지만 기부자들의 의견은 다를 것이다. 이것이 파악하기에 쉬운 개념은 아니므로 신규 과정 개발이 왜 단기 결과로 고려되지 않는가에 대한 상당한 논의가 발생한다. 교수단은 마지못해 과정 개발은 활동이며 과정 창조는 산출이라는 개념을 받아들이게 된다.

둘째, 학생들이 나노기술을 공부하는 데 흥미가 더 생겼는가(프로그램의 분명한 목표) 혹은 그들의 지식이 늘어났는가(더 준비가 잘된 노동력을 희망하고 있는 후원자들의 목표)의 여부에 대해서 결과가 아무것도 말해 주지 못한다는 것이다. 교수단은 추가 나노기술 과정 등록이 증가된 관심과 같은 것이라고 주장하지만, 평가자는 과정 등록이 한 지표는 될 수 있지만 증가된 관심 외에 다른 이유로도 등록이 가능하다고 주장한다. 그것은 아마도 학생들의 일정 문제이거나 혹은 그들이 이미 그 분야에 관심이 있어서 등록을 한 것이지 과정에 따른 효과가 아니었다는 것이다.

또한 학생 학습이 프로그램 결과로 확인되어야 하는가의 여부에 대해서도 상당한 논쟁이 있었다. 교수단은 두 가지 생각을 가지고 있다. 일부는 학습이 측정될 필요가 없다고 생각한다. 그들에게 중요한 결과는 새로운 정보가 전달되고 있다는 것이다. 또 다른 일부는 학습 측정이 중요하며 최종 시험성적으로 쉽게 측정될 수 있을 것이라 말한다. 확대된 로직모델([그림 6-2])은 결과에 흥미와 새로운 지식 획득이 추가되었다. 이는 잠정적 결론이며 다시 확인되어야 한다는 동의에 이르렀다.

수행되어야 하는 것은 플리커 재단과 기업으로부터 오는 기금을 투입에 추가하는 것이며, 그러면 로직모델이 완성될 것으로 보인다. 그러나 이 시점에서 그룹에 참여하게 된 한 후원자가 로직모델 과정을 개발하는 데 누가 관여해야 하는지에 대해서는 말해 주지 않는다는 질문을 던졌다. 변화이론은 과정 개발이 일반적으로 상호작용하지 않는 공학, 생물학 및 경영대학원 교수단 세 그룹의 협

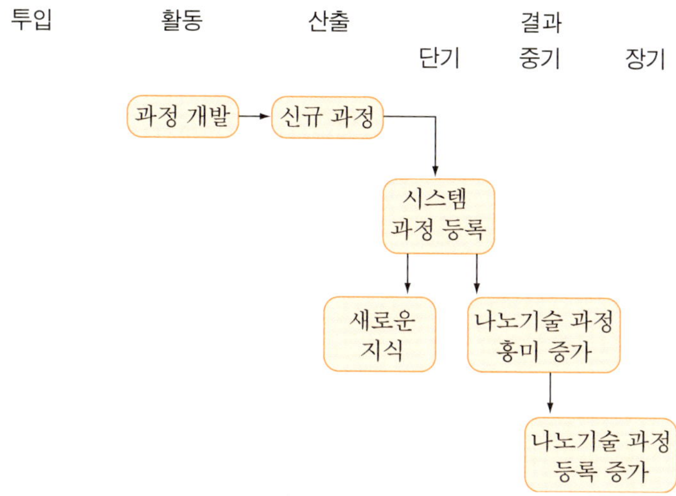

[그림 6-2] 확대된 결과의 프로그램 로직모델

력을 필요로 하지 않는다는 것을 인식하지 못하고 있다. 변화이론은 모델을 완성하는 데 이러한 예상을 유념해야 하며, 협력의 잠재적이고 장기적인 영향 또한 모델에 추가되어야 한다고 주장하였다. 교수단은 이 주장을 꽤 불편해했지만 핵심 이해관계자에게는 아주 중요한 사안이라고 판단하여 추가되어야 한다고 보았다. 그 결과로 나타난 모델이 [그림 6-3]이다.

이 시점에서 교수단의 한 명이 장기 목적은 신규 과정을 개발하기 위해 더 많은 기금을 얻는 것일지 모른다고 주장한다. 이는 부분적으로는 농담처럼 나왔지만, 다른 교수단은 그것이 추가되어야 한다는 데 동의하는 듯 보인다. 평가자는 교수단은 추가 기금이 있어야 한다고 희망할지라도 교수단을 위해 추가 기금을 확보하는 것이 프로그램의 목적이 아니며 이 결과는 부적절하다고 주장한다.

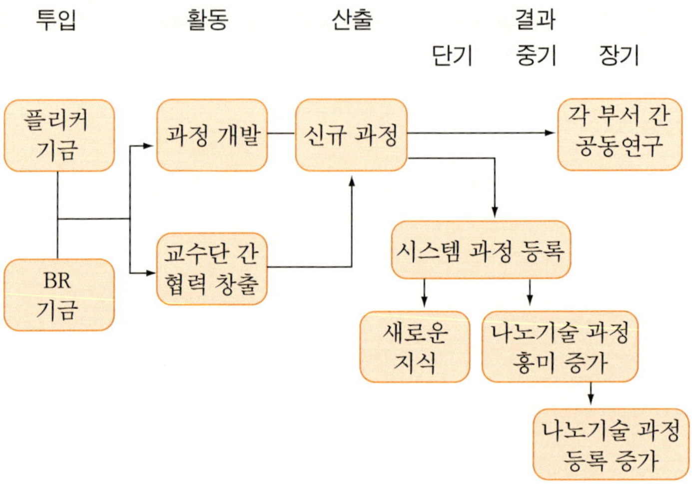

[그림 6-3] 장기적 영향력이 있는 프로그램 로직모델

2. 프로그램 2

첼시 공립학교(Chelsea Public School)는 중학교 학생들의 읽고 쓰는 기술(literacy skill) 습득 지원을 위한 새로운 프로그램을 시작하고 있다. 이 프로그램은 특별히 읽기실력이 2년 이상 뒤처진 학생들을 대상으로 전문적 발달, 멘토교사의 코칭, 대상 학생들의 능력 향상을 위한 추가 읽기 프로그램을 통합하였다. 직원들은 프로그램 목표가 달성되려면 이러한 세 가지 구성요소가 필요하며, 그것은 상호 지원적이고 통합적으로 간주되어야 한다고 생각하였다. 이 프로그램의 특징은 전문적 발달을 개발하고 전달하는 데 대학교 교수단이 개입한다는 것이다. 그리고 대학교 교수단이 전문적

발달 세션에서 매우 빈번하게 놓쳐 버리는 깊이 있는 내용의 지식을 프로그램에 가져올 것이라 예상하였다.

대학교 교수단 및 학군의 직원개발 팀과 함께 일하면서, 읽기 코디네이터는 ① 중학교 학생들을 위한 효과적인 읽기·쓰기 교육에 대하여 연구에서 말하는 바를 교사들이 더 잘 이해하고, ② 그들의 능력을 향상시키기 위해 고안된 3년의 주기를 준비한다. 대학교와 학군 간의 이 파트너십은 교사들이 적합한 교육학뿐만 아니라 풍부하고 정확한 내용에 확실히 노출되도록 하는 데 중요한 것으로 보인다. 학군은 또한 프로그램을 지원하는 타이틀 I(Title I: 1965년 초·중등교육법을 통해 확립된 프로그램-역자 주) 자금을 사용할 수 있다.

학군 내 9개의 중학교 중 우선 3개의 중학교에서 시작하여, 프로그램은 3년 동안 검토될 것이다. 프로그램은 베테랑 교사뿐만 아니라 신임 교사에게도 유익을 줄 것이라 생각되기 때문에 모든 교사들이 포함될 것이다. 다른 학교로의 프로그램 확장은 이용 가능한 자원과 첫 3년 연구의 결과에 따라 결정할 것이다. 첫 3년이 끝날 때쯤에는 학생들의 읽기 성취도와 읽기에 대한 흥미, 독자로서의 자신감이 상당히 높아지리라 예상하였다.

첼시 공립학교는 미국 남서부에 위치해 있다. 학군의 크기는 중간 정도이며 대략 3만 명의 학생이 있다. 50%는 백인, 35%는 라틴계, 10%는 아프리카계 미국인, 5%는 아시아인이다. 노동자계급이 많으며 평균 45%의 학생들이 9개의 중학교에서 무료 또는 할인된 가격으로 점심을 제공받고 있다.

지역 대학교는 일반적으로 인근 지역의 학생들로 이루어진 4년

제다. 보존교육(preservice education)이 대학교 프로그램의 중요 부분이지만, 단과대학은 대체적으로 지역 학군에 직접적인 지원을 하지 않았다. 홍보 격려가 목적인 대학교 측의 새 정책은 인지 연구학과가 첼시 학군에 관여하게 하는 자극제가 되었다. 그러나 대학교 교수단을 모집하고 교수단과 12학년 직원 간의 파트너십을 야기하는 것은 새로운 도전으로 생각되었다. 교수단과 직원 모두는 프로그램이 성공하기 위해서 호혜적인 파트너십 구축이 중요하다는 점을 알고 있다.

평가자, 읽기 코디네이터, 첼시 직원개발 팀 구성원들, 대학교 교수단은 프로그램을 위한 로직모델 개발을 위해 모였다. 직원들은 로직모델을 이전에 사용해 본 적이 없으므로 평가자가 시작점이 될 초기 로직모델을 개발하였다. 이 로직모델([그림 6-4])은 프로그램에서 3년이라는 시간 동안 예상되는 사안에 대해 알려 준다. 프로그램이 달성하리라 기대되는 것부터 시작하여, 평가자는 다음과 같은 결과를 확인하였다.

- 학생들에게 관련된 세 가지의 장기 결과: 높아진 읽기 성취도, 독자로서 향상된 자신감, 읽기에 대한 흥미 증가
- 중기 결과: 탐구 교수법 사용의 증가
- 단기 결과: 교사들의 내용 및 교육학적 지식의 변화

그림의 화살표는 이러한 결과가 연속적으로 나타난다는 예상을 보여 준다.

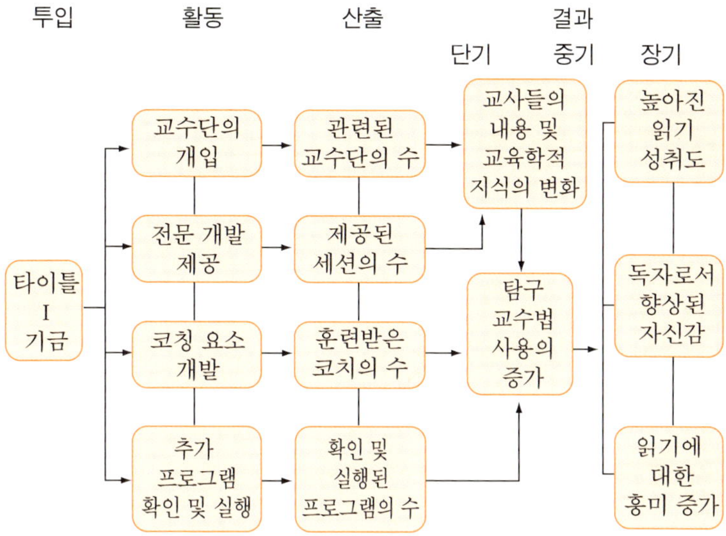

[그림 6-4] 읽기 프로젝트 로직모델

① 교사들은 지식의 변화를 확인할 것이다.

② 이 변화는 교육에서 탐구 교수법 사용을 증대시킬 것이다.

③ 3년이 끝날 무렵, 이러한 교육의 변화는 세 가지 학생 성과인 성취도, 자신감, 흥미를 이끌어 내리라 예상된다.

한편 네 가지 활동이 모델에서 확인된다.

① 대학교 교수단의 개입

② 전문적 개발 제공

③ 코칭

④ 추가 프로그램 확인 및 실행

화살표가 보여 주듯이, 교수단 개입과 전문적 개발 모두 교사 지식의 변화를 가져올 것으로 예상된다. 코칭 및 새로운 프로그램과 조합된 이러한 활동은 또한 탐구 교수법 사용에 직접적인 영향을 미칠 것이라고 본다.

마지막으로, 평가자는 타이틀 I 자원을 중요한 투입으로 확인하고 이 자원이 모델 내 모든 활동에 어떻게 영향을 미치는가를 보여 주기 위한 화살표를 그린다.

평가자, 읽기 코디네이터, 첼시 직원개발 팀 구성원들, 대학교 교수단으로 이루어진 그룹은 다시 모델을 검토하기 위해 모였다. 결과와 관련하여 나타난 첫 번째 문제는 다음과 같다. 선두 직원개발자는 일부 결과가 빠졌다고 생각하였다. 특히 12학년과 대학교 교수단 모두를 포함하는 직원 개발을 위한 새 모델 개발을 추가하기를 바라면서 그것을 프로그램의 중요한 목표로 보았다. 팀은 모델 개발을 하나의 프로그램 영향으로 추가할 것인가를 논의한다. 마침내 그들은 이러한 모델 개발이 바람직하긴 하지만 프로그램의 3년이라는 기간 내에 모델을 개발하는 것은 불가능하다고 생각하지 않음을 결정한다.

한편 읽기 코디네이터는 학생의 결과가 모두 장기 결과이며 동시에 발생하는 것으로 예상되는가라는 질문을 제기하였다. 코디네이터는 변화이론이 현재의 묘사로 포착되지 않는 일시적 연속을 가정한다고 주장하였다. 읽기 코디네이터의 올바른 판단에 따라서 로직모델의 결과 부분은 탐구 교수법 사용의 증가가 향상된 자신감을, 자신감이 읽기 홍미 증가를, 그리고 두 결과가 더 높은 읽기 성취도를 유도하는 것으로 보다 정확해졌다([그림 6-5]).

평가자는 이것이 중요한 수정(modification)으로서 어떤 종류의 변화가 어떤 시기에 조사되는가에 영향을 미친다고 설명하였다. 또한 향상된 자신감과 흥미가 먼저 생기고 그것이 성취도 변화를 가져온다는 가정은 이론이 경험적으로 검토되는 데 중요했다. 로직모델을 다루는 다른 이들은 이 수정에 대하여 처음에는 지원적이었지만, 정확하게 어떤 순서가 예상되며 실제 더 높은 성취도가 다른 변화나 선임자의 최종 결과인가의 여부와 관련하여 곧 논쟁이 발생했다. 이 문제와 프로그램에 대한 한 궤도 혹은 다른 궤도

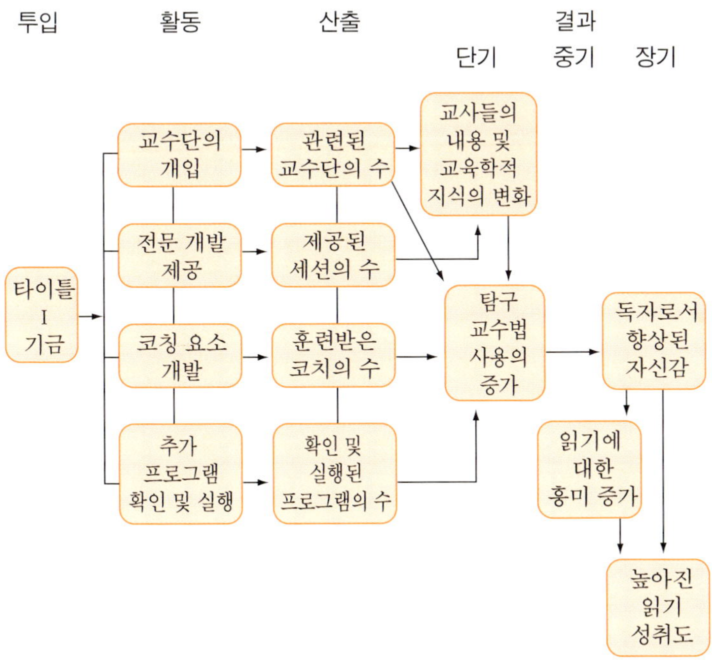

[그림 6-5] 순차적 학생 결과의 읽기 프로그램 로직모델

가 가지는 함축적 의미에 많은 시간이 소비되었다. 읽기 코디네이터는 자신의 의견을 굳혔다. 다른 이들도 결과의 연속에 대한 대안적 기대가 유지되어야 한다는 생각에 확고부동했다. 해결방법은 결과가 동시에 발생할 것이라는 원래의 가정으로 돌아가 어떤 연속이 예상되는가와 관련하여 프로그램에서 배울 수 있는 점을 확인하는 것이다.

로직모델은 활동과 관련된 산출을 고려할 때 다른 논의를 유도하였다. 중요한 질문은 교수단 개입이 교사 지식과 탐구 교수법의 변화를 유도하는가였다. 교수단은 전문적 개발을 위한 커리큘럼을 개발하고 일부 세션을 전달하는 데 개입할 것이다. 그러나 교수단의 관점에서 교수단이 탐구에 기반을 둔 실천을 향한 변화에 지대한 공헌을 하고 있다고 생각하지 않기 때문에 그들의 개입은 일차적인 내용 지식을 제기하는 것이다. 실제로 교수단이 내용 지식을 제기한다고 예상한다면 추가적인 논의가 필요하다. 그룹의 대부분은 탐구 교수법의 증가가 코칭 구성요소와 새로운 추가적 프로그램, 전문적 개발의 교육학적 부분의 직접적인 영향을 받는다는 것에 동의하지만, 일부는 교수단의 역할 축소를 인정하지 않았다. 마침내 그들은 교수단 개입과 탐구기반 교습 실천을 연결하는 화살표가 지금은 제거되어야 하지만([그림 6-6]), 프로그램이 전개되면 다시 개선되어야 한다는 데 동의하였다.

활동에 대한 논의—특히 교수단의 개입—에서는 또한 활동들 사이의 잠재적인 상호작용과 관련하여 몇 가지 문제가 제기되었다. 여기서 묘사되듯이, 활동은 평행적으로 작용하여 서로 영향을 미

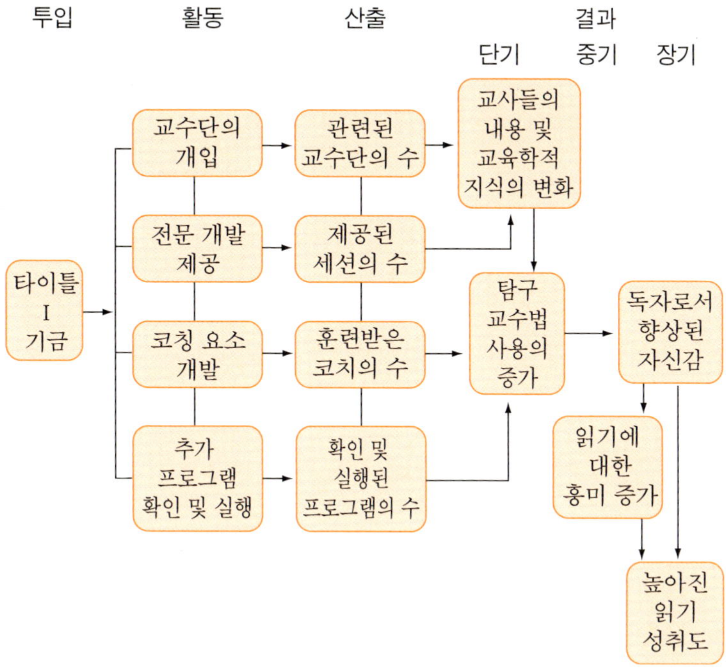

[그림 6-6] 교수단 개입을 명확히 설명하는 프로그램 로직모델

치지 않는 듯 보인다. 이 의견에 강력하게 반대하면서, 학교체계와 대학교의 대표자들은 활동 간의 상호작용이 중요하다고 강조하였다. 활동 중에서 가장 중요한 핵심은 전문적 개발의 계획과 전달에서의 교수단의 역할이다.

전문적 개발 세션을 계획하고 전달하는 데 교수단의 개입이 없다면 프로그램은 상당히 달라질 것이다. 마찬가지로 전문적 개발과 추가적 프로그램 사이에는 예상된 상호작용이 있다. 전자는 교수가 후자를 이해하는 법을 배우는 데 도움을 주는 중요한 도구가 되는 듯하다. 여기서 또 다른 수정 모델([그림 6-7])은 부분들 간의 상호작용의 중요성을 보여 준다.

마지막으로, 평가자, 읽기 코디네이터, 첼시 직원개발 팀 구성원들, 대학교 교수단으로 구성된 그룹은 투입의 수정을 요구하였다. 타이틀 I 기금의 역할에 관해서는 의견 차이가 전혀 없었지만, 일부에서 학교체계와 대학교에서 나온 소중한 투입을 보다 분명하게 인정해 줄 필요가 있다고 주장하였다. 그들은 이 두 조직에서의 전문적 지식이 없다면 프로그램이 실행될 수 없다고 보았다. 이 결정이 로직모델에 추가되었다.

로직모델을 개발하는 과제는 첼시 학교 직원이 일부 추가 질문

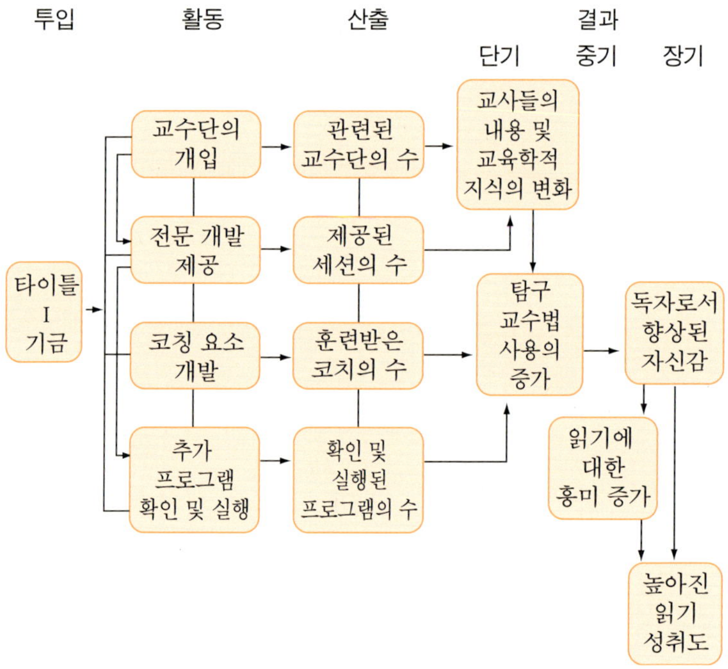

[그림 6-7] 상호작용을 보여 주는 프로그램 로직모델

을 제기할 때 완료될 것이다. 세 학교를 선택하고 모집해서 새로운 접근법에 포함시키는 것은 어떨까? 단순히 세 학교에 새로운 접근법을 시도하도록 강제하는 것은 가능하겠지만, 직원은 프로그램의 일부가 되는 것에 대한 학교 측의 동의를 얻도록 노력하는 것이 좋겠다고 주장하였다. 만약 학교 측에서 자신들에게 선택권이 있어서 새로운 접근법이 도움이 되기에 프로그램에 포함되는 것을 선택할 수 있다고 느낀다면, 프로그램의 성공 기회는 향상될 것이다. 참여를 강제하는 것이 시간이 절약되는 듯하지만, 결국에는 그것이 비효과적인 것으로 증명될 것이다. 이 논의하에 원래의 계획은

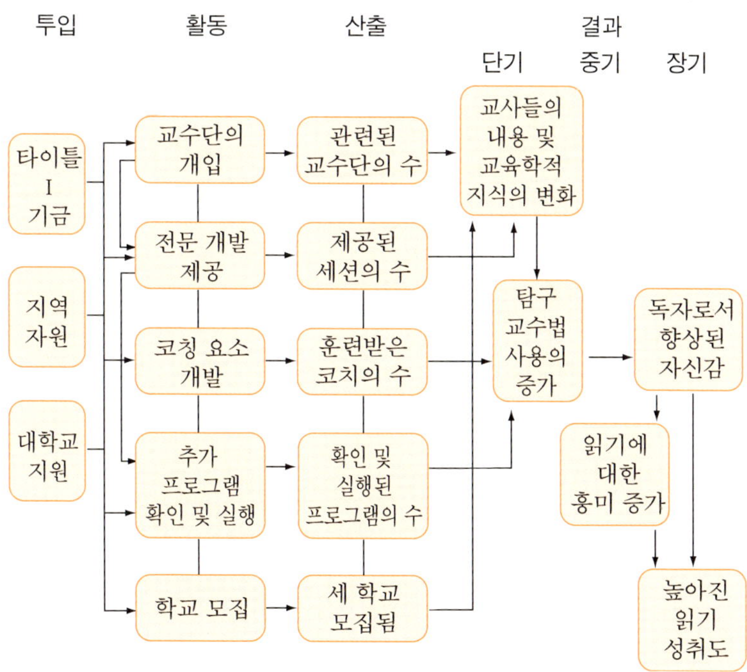

[그림 6-8] 완성된 일반적인 프로그램 로직모델

학교가 어떻게 선택되는가를 제기하는 것이 아니지만, 학교를 모집하여 참가하도록 강제하기보다는 그들이 직접 참여하도록 하는 것으로 결정되었다. 로직모델은 [그림 6-8]에 더하여 다시 수정되었다.

요 약

로직모델 개발의 이상의 사례들은 모델 개발과정의 도전과 혜택을 강조하는 데 도움을 준다.

- 프로젝트 직원은 종종 산출과 결과를 혼동한다. 그들이 차이점(예를 들면, 새로운 과정의 개발)을 이해하는 데는 시간이 걸릴 수 있다.
- 로직모델을 개발할 때 모든 이해관계자들의 관점이 고려되어야 한다. 그러나 어떤 이해관계자들(후원자)의 기대는 다른 이들의 것보다 더 중요할 수 있다.
- 프로그램 목표와 개인적 목표(추가 기금을 얻는 일)를 구별하는 것이 중요하다.
- 로직모델 개발은 적절하지 않은 시기에 예상하지 못한 다른 측면(교사의 실천 변화에 대한 교수단의 공헌에 관련된 기대와 같은)이 있을 것이라는 인식을 드러내는 데 도움이 된다.
- 결과 간의 연결성을 주의 깊게 검토하면 특정한 파트너들이 가지고 있는 변화이론들의 차이점을 명료하게 밝힐 수 있다.

- 로직모델 개발은 학교 참가를 명령할 것인가 혹은 모집할 것인가와 같은 상이하게 제기되어야 하는 프로그램의 구성요소들을 밝힐 수 있다.
- 로직모델을 개발할 때는 모든 부분에서 시간과 주의 깊은 관심이 필요하다.

생각해 볼 문제

1. 프로그램 2와 관련하여 설명된 변화이론을 생각해 보라. 어떤 것에 가장 주목하게 되며, 그 이유는 무엇인가?
2. 프로그램 1의 목적이 나노기술 과정에 등록한 학생들의 다양성을 높이는 것이었다고 가정해 보라. 이는 활동과 로직모델의 목적에 어떤 영향을 미치는가?

07 평가질문 확인을 위한 로직모델 사용

평가자가 로직모델을 구축하는 목적은 일차적으로 평가계획을 개발하거나 재정비하는 기초를 다지는 것이다. 로직모델은 프로그램을 설계하고 활동하는 데 큰 몫을 담당하는 것이 분명하다. 하지만 로직모델이 평가자에게 매우 중요한 모델이 되는 것은 그것이 평가에서 할 수 있는 역할 때문이다. 이 장에서는 로직모델이 평가에서 어떻게 사용될 수 있는가에 대해 논의하고, 평가질문 개발을 이끄는 데 어떻게 사용되는지를 자세히 살펴볼 것이다.

1. 로직모델을 만드는 방법과 평가의 관계

앞서 우리는 로직모델을 평가계획에 발판을 마련하는 도구로 설명했다. 로직모델은 평가 접근법이나 평가 설계, 평가체계가 아니라 프로그램의 중요한 구성요소들과 연결성을 명확히 하는 데 도움을 주는 도구로서, 평가가 어디에 초점을 두어야 하는지에 대한 청사진을 제공한다. 앞서 논의한 교육적 개입 프로그램을 예로 들어 평가자가 적절한 평가 접근법을 개발하는 데 로직모델이 어떻게 도움이 되는지 살펴보자.

첼시 공립학교가 속한 학군은 2년 정도 뒤처진 중학교 학생들을 위한 새로운 교양 프로그램을 시작하였다. 이 프로그램에는 대상 학생들의 능력을 향상시키기 위한 전문적 개발, 코칭, 추가적 읽기 개입의 세 가지 구성요소가 있다. 이 프로그램에는 특별한 구성요소로 대학교 교수단과 학군 직원들의 공동 참여가 있다. 대학교 교수단과 학군 사이의 이 파트너십은 교사들이 적합한 교수법뿐만 아니라 풍부하고 정확한 내용을 드러내는 데 확신을 주는 중요한 것으로 보인다. 먼저 예비 프로그램이 3년 동안 세 학교에서 활동될 것이다.

평가자와 프로그램 팀은 함께 작업하면서 전체적인 로직모델을 개발했다. 활동의 주요 클래스가 중요한 구성요소 각 부분으로 나누어져야 하기 때문에 함께 작업하는 것은 다소 복잡하다. 예를 들어, 전문적 개발은 설계, 개발, 실행과 일반적으로 관련된 하위 구성요소뿐만 아니라 전문적 개발체계에서 파트너들의 역할을 제기하는 하위 구성요소들도 포함하고 있다. 즉, 이 프로그램에서는 대학교 교수단과 학교기반 전문가를 모두 포함시키는 특별한 이유가 몇 가지 있다. 교수단은 내용에 대한 전문적 지식을 제공하리라 본다. 한편 학교 직원은 교수법에서 주도권을 잡을 것이다. 교수단은 교사들과 직접 일하면서 수업 개발에도 개입할 것으로 본다. 이는 자료 제시, 교실 관찰, 멘토링 등으로 나타난다. [그림 7-1]은 앞서 개발되었던 이 프로그램을 보여 주는 로직모델이다.

일단 모델이 개발되면, 평가자는 평가 설계로 돌아갈 준비가 된

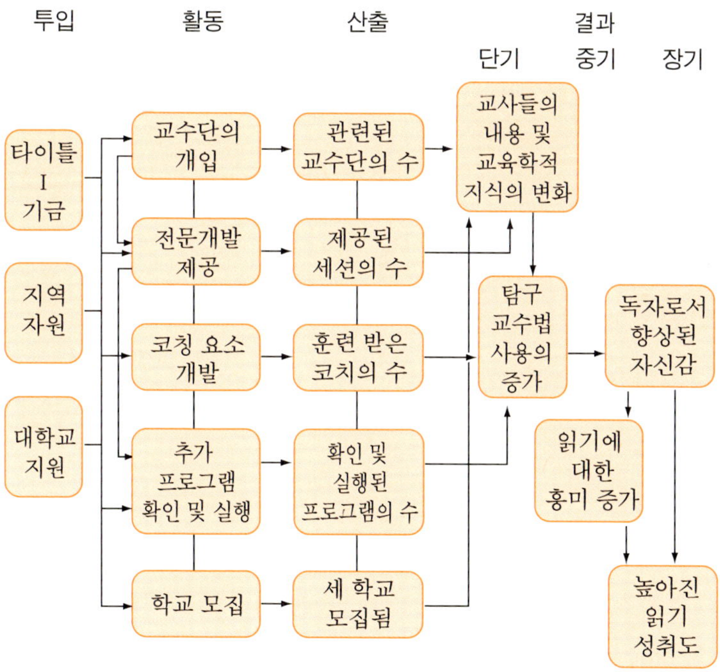

[그림 7-1] 일반적인 프로그램 로직모델

것이다. 프로그램의 속성상 형성 및 총괄 평가 연구 모두가 활동되는 것이 중요하다. 그러므로 평가자는 프로그램이 계획대로 활동되고 있는가, 확인된 결과를 향한 진행의 증거가 있는가(형성평가), 3년이 되는 시점에 프로젝트의 목적이 성취되겠는가(총괄평가)를 검토하는 계획을 개발한다.

2. 실 행

로직모델(특히 활동하에 열거된 구성요소들)은 프로그램 활동에 대한 질문들을 확인하는 시작점이다. 형성평가를 위한 다음의 다섯 가지 잠재 영역들이 확인될 수 있다.

① 참가할 학교가 모집되었고 교사가 확인되었는가?
② 교수단은 개입하고 있고 지지적인가?
③ 전문적 개발 프로그램이 실행되고 있는가?
④ 코칭은 자리를 잡았는가?
⑤ 추가적 개입이 수행되고 있는가?

로직모델의 중요한 부분은 교수단 개입의 위치를 정하는 것이다. 로직모델에 따라 평가자와 프로그램 직원 간 논의가 이루어져, 교수단의 역할은 프로그램의 핵심 구성요소로 본다는 지적이 있었다. 왜냐하면 교육전문가들의 기술적 개입이 중요하기 때문이다.

일단 청사진이 완료되면, 평가자는 평가를 위한 가능한 기회들을 검토하고 어떻게 노력에 초점을 둘 것인지 결정해야 한다. 로직모델이 묘사하는 각각의 모든 구성요소와 연계를 평가하기란 거의 불가능하다. 그러나 평가 개발의 초기단계에서는 종합적이고 폭넓게 사고하는 것이 중요하다. 질문을 좁히고 우선순위를 정하는 것은 이후의 단계다.

첫 단계는 대개 평가가 검토할 영역들을 그려 보는 것이다. 형성평가 실행 영역은 로직모델의 '활동' 칸에서 직접 할 수 있다([그림 7-2]). 그것은 모집, 파트너십 형성, 전문적 개발 전달, 코칭, 추가

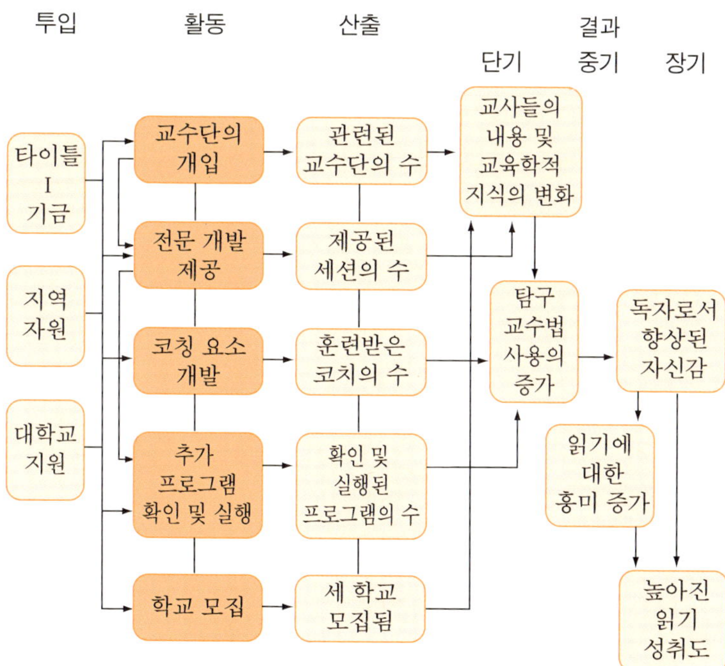

[그림 7-2] 형성평가를 위한 시작점으로 활동을 사용하는 로직모델

커리큘럼(추가 교육 프로그램의 확인 및 실행) 활동이다.

각 활동은 다음과 같은 간단한 질문으로 평가 설계를 보여 줄 수 있다.

- 모집은 계획대로 시행되었는가?
- 교수단은 계획대로 개입했는가?
- 전문적 개발은 계획대로 전달되었는가?

그러나 이처럼 평가질문을 표현하는 것은 아마 부적절할 것이다. 이러한 일반적인 수준에서 제기된 질문은 로직모델 속에 담긴 정보를 이끌어 내지 못하며 내재된 변화이론을 피상적으로만 제기할 뿐이기 때문이다. 개괄했듯이, 평가자는 보편적인 질문으로 시작해서 로직모델의 개발 중 진화하는 프로그램을 이해하면서, 각 질문을 보다 구체적인 하위 질문으로 나누어 검토해야 할 사항을 보다 분명하게 정의해야 한다.

전문적 개발을 예로 들어 몇 가지 적당한 질문을 제시해 보면 다음과 같다.

- 전문적 개발 단위 설계는 대학교 교수단과 학교기반 직원 모두를 포함하였는가?
- 영어 학습자와 같은 특별학생 그룹의 요구에 적절한 관심을 주었는가? 연구에서 중요하다고 확인된 핵심 내용 영역이 알맞게 다루어졌는가?

- 설계는 시기적절한 방식으로 완료되었는가?
- 단위를 전달하는 데 대학교 교수단과 학교 직원의 역할을 기술하고 확립하기 위해 주의를 기울였는가?
- 일정, 자료 범위, 교수단과 학교기반 직원의 역할과 관련하여 설계된 전문적 개발이 제공되었는가? 전문적 개발 세션은 성인 학습자를 가르치는 데 모범 관례로 알려진 것에 토대를 두었는가? 전문적 개발 세션은 적절한 이론과 실천적 응용이 서로 균형을 이루었는가?
- 모집된 교사들은 전문적 세션에 참여하였는가? 세션 중에 교사들은 과업에 개입되었는가?
- 세션의 효율성에 대한 피드백이 수집되었는가? 이 피드백은 특별히 교수단에서 이루어진 일들을 다루었는가?
- 활동 관찰과 같은 투입과 피드백에서 나온 정보가 전문적 개발을 다루는 데 사용되었는가?

평가 개발이 계속되는 동안 로직모델에 나타난 다른 일련의 활동들(모집, 교수단 개입, 코칭, 추가 교육 제공과 같은)에도 앞과 같은 동일한 과정이 뒤따른다. 그에 따른 목록이 길고 종합적이긴 하지만, 평가자는 그것이 불완전하다고 인지할 것이다. 특히 각 활동을 별개로 보는 것은 로직모델을 정확하게 반영하지 못한 것이다. 변화이론의 중요한 측면 중 하나는 전문적 개발, 추가적 프로그램 활동, 교수단 개입의 세 가지 구성요소 간 관계와 관련이 있다. 이들은 개별적으로 활동한다고 보지 않는다. 왜냐하면 로직모델에서 나타났듯이 그것들이 서로를 보완하면서 통합될 것으로 기대되기 때문이다. 이러한 기대는 부분들 간의 관계를 직접 검토하는 다음과 같은 추가 질문을 유도한다.

- 고등교육 교수단은 어느 정도로 그리고 어떤 방식으로 전문적 개발 구성요소 개발에 기여하는가? 교수단은 실제 교육 전달에 어떻게 개입했는가? 파트너십의 효과는 무엇이며, 어떤 측면에 추가적 지원을 사용할 수 있는가?
- 전문적 개발 세션은 정기 프로그램과 추가 프로그램 모두에서 교육 범위를 포함했는가? 교사들은 정기적이고 추가적인 교육이 어떻게 조정되고 보완될 수 있었는지 전문적 개발 프로그램이 보여 주었다고 생각하는가?

3. 진행평가

목적을 향한 진행을 검토하기 위해 관련된 질문을 작성함에 있어 유사한 접근방법을 취할 수 있다. 여기서 로직모델의 결과 부분은 평가자에게 지침이 된다([그림 7-3]). 예를 들어, '탐구기반 교육전략 사용 증가' 라는 결과를 고려한다면 일부 진행 질문들은 다음과 같을 수 있다.

- 교사들은 소그룹 교육 활용을 증대시키는가?

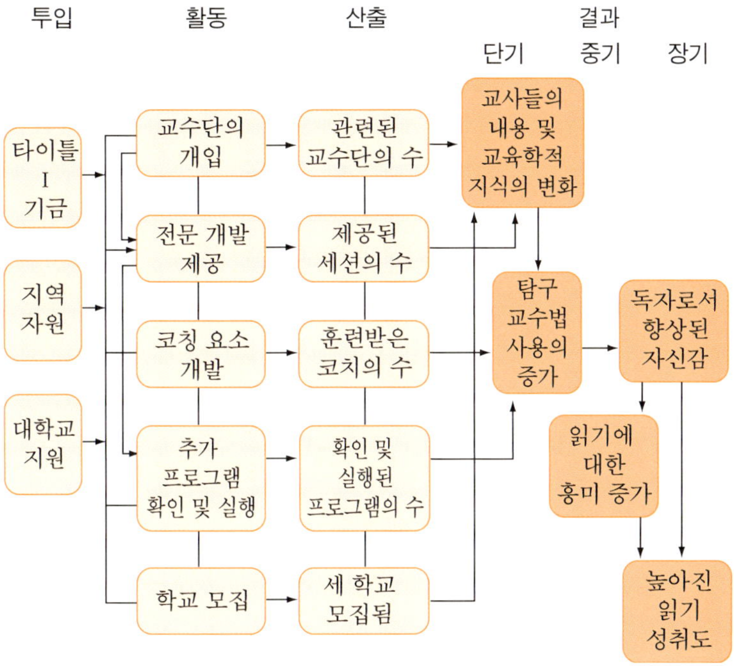

[그림 7-3] 형성평가를 위한 시작점으로 결과를 사용하는 로직모델

- 교사들은 교사 주도와 학생 주도의 전략을 적절히 혼합하여 사용하는가?
- 교사들은 직접 교육의 필요와 보다 개방적인 전략을 균형 있게 유지하는가?
- 교사들은 정기 프로그램과 함께 추가 프로그램을 효과적으로 조합하는가?
- 교사들은 중요한 개념을 강화하기 위해서 사진 및 기타 시각적 자료를 사용하고 있는가?

4. 총괄평가

로직모델을 통해 총괄평가가 검토해야 하는 다섯 가지 중요한 결과(두 가지는 교사를 포함하고 세 가지는 학생과 더 관련되어 있는)를 알 수 있다. 그것들은 교사 지식의 변화, 교사의 입장에서 탐구 교수법 사용 증가, 학생 성취도 향상, 독자로서 학생의 자신감 향상, 학생의 읽기에 대한 관심 증대다. 평가에 발판을 마련하는 데 로직모델을 사용한다는 우리의 논의는 학생과 관련이 있는 세 가지 결과에 초점을 둔다.

장기 결과의 기본적 질문은 다음과 같다.

- 성취는 학생 참여율을 높였는가?
- 참여하는 학생은 독자로서 자신감 향상을 보였는가?
- 참여 학생들은 읽기에 대한 관심이 높아졌는가?

로직모델은 분명히 프로그램의 장기적인 목적이 무엇인지, 그리고 프로그램이 성공적인지를 결정하기 위해 어떤 영역들이 제기되어야 하는가를 보여 준다. 그러나 로직모델은 총괄평가를 위해 필요한 모든 정보를 산출하는 것은 아님을 인지하는 것이 중요하다. 형성평가에서처럼 로직모델이 표면화시키는 질문은 평가적 사고를 위한 시작점이지 종착점이 아니다. 실제 로직모델에서 제기되는 질문에 대한 논의는 종종 추가적 문제를 일으키며, 심지어 로직모델과 프로그램에 변화를 일으키기도 한다.

설명을 위해 성취도가 높아졌는가의 문제를 보다 자세히 살펴보자. 일단 학생 성취도 향상의 문제가 확인되면 여러 가지 추가적 문제들이 제기되어야 한다.

첫째, 정확히 '성취'는 프로그램 개발자들에게 무엇을 의미하는가?

둘째, 프로그램은 어떤 종류의 결과가 실제로 프로그램 효과성의 확실한 증거가 되는지를 정의해야 한다.

셋째, 결과 측정을 위한 적합한 도구나 접근법이 결정되어야 한다. 앞에서 논의한 형성평가 질문에서처럼, 로직모델은 평가계획을 개괄하는 1차적 수준의 질문으로 볼 수 있는 것의 개발을 유도한다. 그러나 대부분의 개괄에서처럼 그것이 충족되면 새로운 문제가 발생한다.

우리가 논의하고 있는 예에서 일단 성취도에 미치는 영향에 대한 질문이 확인되면 그것이 정확히 무엇을 의미하는지가 분명해져야 한다. 이는 평가자를 위한 과제이거나 폭넓은 그룹 논의로서 가장 잘 활동되는 것일 수 있다. 이 예에서 평가자는 혼자 다음 단계를 취할 만큼 충분한 지식을 가지고 있다고 느끼지 못했다. 대신 평가자와 프로그램 직원은 성취가 프로그램에서 무엇을 의미하는지, 그리고 어떻게 측정되어야 하는지를 논의하는 데 시간을 소비했다. 이러한 논의는 '검사 수행능력' (성취의 정의), 그리고 특별히 '이해관계가 큰 능력시험 합격률의 증가' (증거와 도구)를 이끌어 냈다. 성취에 대한 이 정의는 성공의 기준을 더 분명하게 만들었지만, 이후 논의에서는 그것의 불완전함이 지적되었다. 궁극적으로 평가자와 프로그램 직원은 평가가 제기해야 할 성취에 대한 다음과 같은 일련의 질문들을 확인했다.

- 학생들은 영어와 읽기능력 시험점수를 향상시켰는가?
- 모든 능력 분야가 향상되었는가, 아니면 일부 영역이 다른 것보다 더 강한 영향을 받았는가?
- 모든 학생 그룹이 개입으로 이익을 얻었는가? 읽기에 어려움이 있는 학생들을 위해 교육은 얼마나 효과적이었는가? ELL (English language learner) 학생들의 경우는? 무료 혹은 할인 가격으로 점심을 제공받거나 그렇지 않은 학생들의 경우는? 다양한 인종 및 민족 그룹 학생들의 경우는 어떠했는가?

성취에 대한 정의는 언제나 교육적 평가에서 도전 과제이지만, 다른 영역을 고려하면 더 큰 도전이 있다. 로직모델에서 확인된 두 번째 질문('학생은 독자로서 자신감을 향상시켰는가?')을 생각해 보자. 실제로 이 결과는 평가자들이 제기해야 하는 많은 다른 결과와 같이 분명히 표면적인 것처럼 보이지만, 평가의 관점에서 자세히 검토하면 그러한 모습은 줄어든다. 이 예에서 프로그램이 성공적이라면 어떤 행동들이 예상되는가라는 질문을 하고 다음 단계로 나아가는 것은 이해관계자들이 성공의 증거에 대해 상당히 다양한 정의를 내리고 있다는 것을 나타낸다.

한 사람이 독자로서 자신감이 '있다, 없다'는 것을 제기할 수 있는 방법은 무엇인가? 이 경우 프로그램 팀원 중 일부는 독서를 좋아한다는 표현이 자신감을 보여 준다고 주장했다. 또 다른 이들은 학생이 자신이 읽은 것을 이해한다고 느끼는가를 확인하는 것이 중요하다고 주장했다. 다시 말해, 이는 다양한 종류의 글(이야기, 구술, 신문 등)을 통해 전달되는 것을 이해할 수 있다는 뜻이다. 또한 유능한 독자라도 때로는 쓰인 것을 이해할 수 없다는 경고를 하는 이도 있었다. 따라서 이제 논의는 자신감이 다양한 종류의 문서 자료들을 읽을 때의 자신감으로 구분되어야 하는가를 고려하는 것으로 전환되었다. 만약 이렇게 된다면 로직모델은 적당히 수정되어 다양한 종류의 자료들에 대한 읽기 교육, 형식, 형태에 관한 교사의 교육능력 평가의 필요성에 주의를 기울여야 할 것이다. 이 개념은 일부에게 제공되고 있는 전문적 개발과 추가 프로그램의 범위에 의문을 유발하였다. 논쟁이 상당히 오래 지속된 후, 자신감 그 자체는 그들의 관심사가 아니며 자신감을 제기하는 것은 그들이 다루고 있는 변화이론의 중점이 아니라는 주장이 나왔다. 그들은 핵심 결과를 '읽기에 대한 관심'이라고 결정하고 자신감 영역을 제거하였다.

5. 평가를 위한 평가질문 우선순위 정하기

일단 질문이 서술되면, 다음 단계는 어떤 질문을 먼저 하고 어떤 것을 나중에 할지 우선순위를 정하는 것이다. 평가를 위해 선택되는 질문에 영향을 미치는 요인은 여러 가지가 있다. 첫 번째는 변화이론에 대한 중요성 요인이다. 로직모델의 모든 구성요소들이 동일하게 중요하지는 않다. 프로그램 팀과 함께 일하면서 평가자는 어떤 것이 이론을 확인 혹은 거절하는 데 중요한지를 결정하는 기회를 가져야 한다. 다른 것들이 동일하다면 변화이론의 가장 중요한 특징에 우선순위가 돌아가야 한다.

이런 방법으로 우선순위를 정하는 것에도 고려해야 할 다른 여러 가지 기준이 있다. 따라서 평가자들은 아주 많은 것을 다루게 된다.

첫째, 이슈는 활동 가능성과 관계가 있다. 선택된 특징을 측정하기 위해 이용 가능한 도구가 존재하는가, 아니면 새로운 도구가 개발되어야 하는가? 새로운 도구가 필요하다면 유효하고 믿을 만한 측정도구를 개발하는 데 시간과 금전의 관점에서 비용은 어느 정도인가? 이와 관련된 이슈는 평가 팀이 개발 과제를 활동할 능력이 있는가다.

둘째, 질문에 대한 필요성이다. 이전에 이미 많이 연구되었던 특징인가, 아니면 연구기반이 덜 확립되었는가? 모든 영역들이 제기될 수 없다면 이전의 결과물을 답습하는 것보다는 새로 시작할 가능성이 있는 것에 초점을 맞추는 것이 전략적이다.

셋째, 실천적인 이슈가 존재한다. 그 특징에 대하여 확인하는 효용성이 어떠한가? 질문은 활동될 수 있는 정보를 산출한다고 예상하는가? 또한 관심의 특징이 결과라면 그것이 연구에 할당된 시간 내에 발생한다고 예상할 수 있는가? 높은 우선순위의 결과는 종종 장기 결과이며 대부분의 초기 평가 노력 범위를 넘어선다.

넷째, 유념해야 할 정치적 이슈가 있다. 질문에 대한 답을 찾는 데 관심을 가지고 있는 이는 누구인가? 핵심 이해관계자들과 감시자들에게 질문은 얼마나 중요한가?

요 약

로직모델은 형성 및 총괄 평가 질문을 확인하기 위한 윤곽을 잡아 준다. 활동과 결과를 살펴봄으로써 제기될 수 있는 종합적인 질문 목록을 개발할 수 있다. 일단 종합 질문 목록이 개발되면 질문의 우선순위를 정해야 한다. 대부분의 경우 기술적 · 실제적 · 정치적 문제 같은 여러 기준들이 우선순위를 정하는 데 영향을 미친다.

생각해 볼 문제

1. 로직모델에 나온 또 다른 활동을 들어 가능한 형성평가 질문을 열거해 보라.
2. 평가질문의 우선순위를 어떻게 정할지 논의하고 근거를 설명하라.

08 설명적 평가를 지원하는 로직모델 사용

제7장에서는 어떻게 로직모델이 형성 및 총괄 평가 질문을 확인하는 방법이 될 수 있는지를 살펴보았다. 이 장에서는 어떻게 평가가 형성평가 및 총괄평가에 반응하는 것 이상으로 연구문헌에까지 이바지할 수 있는지를 보여 주려고 한다. 우리는 로직모델이 평가자가 변화이론을 사정하는 데 어떻게 지침이 되는지, 그리고 작동하는 것과 작동하지 않는 것에 대한 지식을 형성하는 데 어떻게 기여하는지를 논의할 것이다.

1. 이해를 깊게 하기 위한 도구로서의 평가

제1장에서 '프로그램 이론' 이라 불리는 평가원리를 논의했고, 로직모델의 조직과 프로그램 이론은 긴밀히 관련되어 있다고 주장했다. 프로그램 이론은 개입의 기본 가정을 분명하게 하는 한 방법이다. 프로그램 이론은 프로그램 시작부터 목적 달성까지 발생될 것으로 가정되는 인과관계의 연계성을 설명한다. 또한 프로그램 혹은 정책에 내재된 변화이론에 대해 명확하게 정의한다. 로직모델은 이러한 이론들을 구체적이고 시각적으로 묘사하는 방법이 된다.

제7장에서 로직모델이 형성 및 총괄 평가에서 어떻게 사용될 수 있는지를 확인했다. 특히 로직모델에서 묘사된 활동과 결과가 어떻게 프로그램이 실행되고(형성평가) 완료되는(총괄평가) 동안 제기된 질문들을 정의하는 데 도움이 될 수 있는지를 설명했다.

많은 이들에게는 이러한 질문을 정의하고 그것을 측정하는 법을 결정하는 것이 평가 개발 과제를 완성하는 것이다. 사실 조사와 평가의 차이점을 설명할 때 평가의 역할은 활동이 발생되거나 결과가 달성되는 정도를 설명하는 것이라고 강조할 수 있다. 반대로 조사는 어떤 일이 왜 일어났는지를 설명하거나 이론을 설명하고, 보통 조사기반이라 불리도록 기여하는 데 책임이 있다.

로직모델을 지지하는 평가자들은 종종 이 구별을 거부하고, 평가에는 두 부분이 아닌 세 부분이 있다고 생각한다. 형성 및 총괄

평가에 더해, 로직모델 사용자들은 평가자의 책임은 또한 설명적 평가를 행하는 것이라고 생각한다. 그 목표는 어떤 일이 작용하는 이유 혹은 그렇지 않은 이유를 제기하는 것이라고 강조한다. 즉, 목표가 달성되었는지를 검토하는 것과 더불어 왜 그리고 어떤 조건에서 달성되었는지에 대해 깊이 이해하고자 하는 것이다. 이러한 책임성을 지지하는 평가자들에게 로직모델은 이전 장에서 설명된 것보다 평가연구에서 더 폭넓은 발판이 된다.

2. 변화이론을 사정하기 위한 로직모델 사용

[그림 8-1]에 제시된 모델은 제7장에서 설명한 고려사항에서 발전된 로직모델이다. 프로그램의 실행과 그 결과에 대한 많은 질문들이 이 모델을 검토하면서 발전될 수 있다. 그러나 이전의 논의와 결과적 평가계획에서 빠진 것은 프로그램이 세워진 기본 이론, 활동 간 상호작용을 보여 주는 연결성, 바람직한 결과를 유도한다고 보는 활동 사슬에 대한 관심이었다. 로직모델을 만드는 방법을 실험적 설계의 대안으로 보는 이들은 기본 이론을 확인하는 것이 인과관계를 주장하는 데 한 걸음 더 나아갈 수 있도록 해 준다고 말한다.

제7장의 설명에 따라 우리는 다음을 가정하는 변화이론에 근거한 프로그램을 확인할 수 있다.

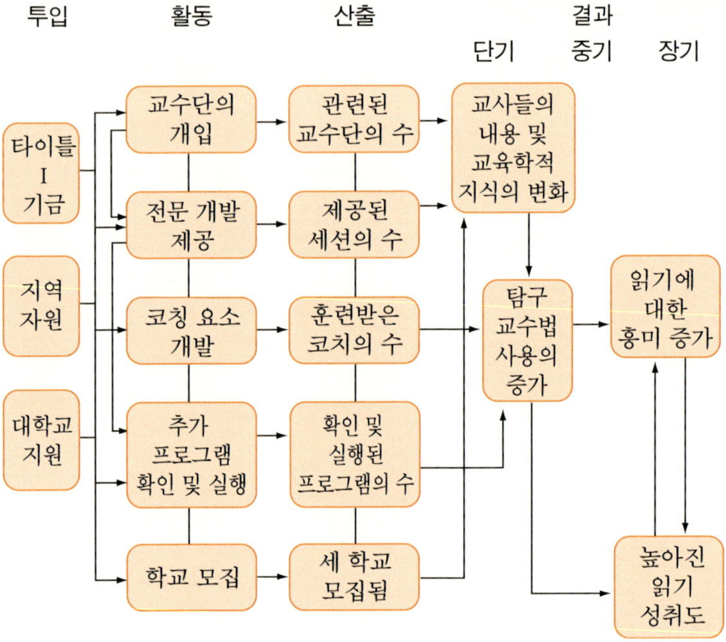

[그림 8-1] 일반적인 프로그램 로직모델

① 내용 지식의 중요성과 이 지식을 나누는 데 대학교 교수단의 특별한 역할

② 복합적 지원의 필요성(전문적 개발, 내용과 교수법에서의 코칭, 추가 프로그램)

③ 교사 지식의 변화가 관행의 변화를 가져오고, 이는 궁극적으로 학생 학습과 활동 변화를 야기한다는 가정

④ 학생 성취도의 변화와 읽기에 대한 관심은 대부분 동시에 발생한다는 점

설명적 평가로 고안된 평가는 또한 이러한 네 가지 가정을 검토하고 나서 그것들이 실행되었는지, 그리고 내재한 이론이 지지될 만큼 이해할 수 있도록 의도된 대로 나열되었는지를 결정해야 한다. 즉, 인과관계 해석을 뒷받침하기 위해 다음의 내용을 보여 줄 필요가 있다.

- 풍부한 내용의 전문적 개발이 제공되었고, 교수단은 그 개발과 전달에 중요한 역할을 했다.
- 교사들은 정기 및 추가 프로그램에서 적합한 훈련을 받았다. 그래서 코칭이 진행되었고, 이 훈련을 뒷받침하고 확대하는 데 시기적절했다.
- 전문적 개발에 참여한 교사들은 내용 및 교육학 지식이 증가되었다.
- 지식이 증가한 후 정기 및 추가 프로그램 모두에서 관행의 변화가 나타났다.
- 전문적 개발에 참여하고 이러한 변화를 확인한 교사들의 학생들은 읽기에 대한 관심이 높아졌을 뿐만 아니라 읽기에 대한 성취도도 상승했다.

다시 말해, 평가자는 '증거의 사슬이 세워졌는가?' '이 증거의 사슬은 프로그램에 내재한 이론을 지지하는가?' 와 같은 질문을 해야 한다.

첫 번째 가정인 '내용 지식의 중요성과 지식 전달에 있어 대학교 교수단의 특별한 역할' 부터 살펴보자. 이 가정을 사정하기 위해 평가가 제기해야 할 추가 질문은 무엇인가? 초기 질문은 내용 지식 제공이 전문적 개발 프로그램의 중요한 부분으로 보이는 범위와 이 내용 지식을 창조하고 이용 가능하게 하는 데 교수단의 역할을 검토할 수 있을 것이다.

- 전문적 개발은 참가자에게 어느 정도로 정확하고 심층적인 내용 지식을 주는가?
- 고등교육 교수단이 전문적 개발의 측면을 발달시키는 데 상당한 공헌을 했다는 증거가 있는가?
- 교수단은 실제로 교육을 전달하는 데 관여했는가?
- 교수단과 12학년 학교 직원 간의 파트너십으로 잘 작용한 것은 무엇인가? 이후에 사용하는 데 개선해야 하는 측면은 무엇인가?

두 번째 가정—복합적 지원의 필요성—은 첫 번째 가정과 유사한 방식으로 질문이 제기될 수 있다. 교육을 전달하는 데 발생할 수 있는 변화로 인해 실행에 대한 문서화가 잘 이루어진다면 이 가정이 충족될 때나 되지 않을 때의 결과가 무엇일지 검토할 수 있다. 즉, 평가자는 다양한 지원의 조합이 제자리를 잡아 나타나는 결과 패턴을 보게 될 때 사례들을 체계적으로 검토할 수 있을 것이다.

설명적 평가는 다음과 같은 특정 질문들을 고려한다.

- 전문적 개발 세션은 정기 및 추가 프로그램 모두에서의 교육 범위를 포함했는가? 교사들은 전문적 개발 프로그램이 내용, 탐구기반 관행 활용, 특정한 정기 및 추가 프로그램에 대한 적합한 정보를 제공했다고 생각하는가?
- 코치들은 내용과 교육학에 대해서 풍부한 지식을 가졌는가? 그들은 정기 및 추가 프로그램의 특색에 능숙했는가?
- 그들은 학교 재학기간에 교사들에게 예상되는 코칭의 양을 이용 가능하게 만들었는가?
- 세션이 충분히 조정되지 않았고, 코치들은 충분한 지식이 없었으며, 코칭은 제한적이거나 시기에 맞지 않았을 때, 그에 따른 교사 활동에는 어떤 차이점이 발견되는가?

다음 단계로 넘어가서, 평가자는 교사와 교육에 대한 영향에 대하여 다음과 같은 추가 질문을 제기할 것이다.

- 전문적 개발에 참여한 교사들은 내용 지식과 교육학적 관행이 증가되었는가?
- 전문적 개발에 참여한 교사들은 전문적 개발 세션에서 배운 것과 조화되는 교육 관행 변화를 보였는가?
- 새로운 지식은 실제 교육 관행에서 나타나는 변화의 정도를 예측했는가?
- 이러한 변화들은 획일적이었는가, 아니면 교사의 배경과 경험에 따라 체계적으로 다양하게 변화했는가?

마지막으로, 궁극적인 결과 영역인 학생 성취는 다음과 같은 질문을 통해 확인할 수 있다.

- 교육 관행 변화와 학생 성취 또는 관심의 변화 간의 관계가 존재했는가?
- 교사들의 전문적 개발 경험의 차이와 관련하여 나타나는 학생들의 결과에는 어떤 차이가 있었는가?
- 코칭의 범위와 특성은 어떤 영향을 미쳤다고 보는가?
- 성취와 읽기에 대한 관심 모두에서 변화가 발생했는가? 변화가 이 두 결과 영역에서 동시에 발생했는가, 아니면 일관성 있는 어떤 규칙이 있었는가?

총괄적 결과가 보여 주는 사항들과 조합하여 지금까지의 질문들에 대한 '예' 와 '아니요' 의 패턴을 보면, 평가자는 변화이론의 어떤 부분이 지지되는지, 어떤 것이 유지되지 않는 듯한지, 그리고 이론이 의심스럽다고 주장하는 자료가 어디 있는지에 대한 사정을 할 수 있다. 일련의 질문 결과에 따라 평가자와 프로그램 팀은 확인되거나 확인되지 않는 유형과 배열을 근거로 하여 로직모델을 다시 살펴보고 개선할 수 있다.

예를 들어, 전체 프로그램이 긍정적 결과를 유도한다고 가정해 보자. 총괄평가 결과에 따르면, 그 결과는 전체 학생의 성취와 읽기에 대한 관심이 향상되었음을 보여 준다. 변화의 차이는 있겠지만, 어떤 경우 학생들은 다른 이들보다 훨씬 더 향상되었다. 또한 학생 성취와 읽기에 대한 관심이 항상 예상한 대로 변화하지는 않았다. 즉, 성취는 변화했지만 읽기에 대한 관심은 그렇지 않은 경우도 많았다. 두 가지 결과 측정에서 변화가 모두 일어날 때, 성취에 대한 변화는 일반적으로 읽기에 대한 관심의 변화 전에 발생했다.

이러한 결과는 변화이론과 관련하여 무엇을 의미하는가? 이 질문에 대답하기 위해 우리는 평가가 네 가지 가정에 대하여 무엇을 발견했는지를 살펴보아야 한다. 앞에서 제기한 질문들로 돌아가서 평가는 활동과 관련하여 다음과 같은 것들을 보여 준다고 가정해 보자.

- 고등교육 교수단은 전문적 개발의 내용 부분을 개발하는 데 중요한 책임을 맡았다. 그리고 전문적 개발은 참가자들을 위하여 정확하고 심층적인 내용 지식을 제공했다.
- 교수단은 전문적 개발 세션 동안 내용에 관련된 교육을 전달했다. 교사들은 훈련의 이러한 부분이 특히 유용했음을 확인했고, 앞서 참여한 전문적 개발 세션에서보다 훨씬 더 많이 배운 것 같다고 했다.
- 전문적 개발 세션은 정기 및 추가 프로그램에 대하여 공정하게 고려되지 않았다. 교수단은 내용, 탐구기반 교육의 이론과 관행, 그리고 정기 및 추가 프로그램의 특색을 다룰 충분한 시간이 없는 듯 보였다.
- 코칭을 하긴 했지만 여러 경우에서 코치들은 추가 프로그램에

대한 지식이 부족했다. 또한 그들은 탐구기반 교육 영역에서 교사들을 도울 수 있었지만 그들의 내용 지식은 서로 차이가 있었다. 코칭의 양 또한 달랐으며 대개 예상보다 부족했다.

이제 교사와 교육의 변화로 돌아가 보자.

- 자료를 보면, 교사들은 내용 지식과 관련하여 상당히 향상되었다. 변화는 베테랑 교사들보다는 신임 교사들에게 더 크게 나타났다.
- 탐구 활용의 변화 또한 발생했으나 변화의 폭이 크지는 않았다. 이러한 변화는 내용 지식에서 독립적으로 발생하는 듯했다. 베테랑 교사일수록 신임 교사들보다 그들의 관행을 잘 바꾸려 하지 않았다.
- 탐구기반 관행 활용에서 가장 크게 변화한 교사들은 전문적 개발이 추가 및 정기 프로그램에 대하여 조정된 정보를 제공하는 범위에서도 가장 만족했다고 보고했다.
- 코칭은 탐구 활용에 큰 영향을 미치는 듯 보이고, 특히 신임 교사들에게 더욱 그렇다. 심지어 자신의 전문적 개발이 조정된 정보를 잘 제공하지 못했다고 느끼는 교사들에게도 큰 영향을 미쳤다. 그러나 코칭 시간은 이 영역에서의 변화와 체계적 관련성이 없었다.

학생 결과와 관련하여 살펴보자.

- 교사의 내용 지식의 변화와 학생 성취 간에는 강력하고 상당한 관계가 존재했다.
- 탐구기반 관행 활용의 변화는 또한 신임 교사들의 성취 변화와 상당히 관련되었다.
- 베테랑 교사들의 경우, 내용 지식의 변화는 더 높은 성취를 보인 학생들의 성취 변화와 관련이 있었으나 이 프로그램의 주요 대상인 낮은 성취를 보이는 학생들에게는 그렇지 않았다.
- 내용 지식과 탐구기반 관행의 변화는 읽기에 대한 흥미의 변화와 관련되지 않았다. 이 변수의 변화는 느리게 발전하지만 주요 프로그램 변수들과 체계적인 관련성은 없는 듯했다.

이러한 조사결과들은 프로그램 변화이론과 관련하여 무엇을 의미하는가? 다음은 몇 가지의 보다 두드러진 결과물들이다.

- 조사결과에 따르면, 교사 경험은 좀 더 자세히 살펴보아야 하는 변수다. 변수들 간의 관계는 신임 교사와 베테랑 교사들마다 상이했으며 프로그램이 학생들에게 미친 영향 또한 그러했다. 전체 프로젝트는 성공으로 보이지만, 자세하게 검토해 보면 베테랑 교사들은 신임 교사가 필요로 하는 것과는 다른 지원을 요구하는 것을 알 수 있다. 변화이론은 두 그룹에 동일한 방식으로 작용하지 않았다.
- 조사결과는 내용 지식 변화가 탐구기반 관행 사용 변화를 가져온다는 초기 가정을 지원하지 않는다. 두 가지 모두 변화가

있었지만 각각 독립적으로 발생했다.

- 치료는 학생의 읽기 흥미에 변화를 야기하지 않았다. 변화가 일부 학생들에게 발생되었으나, 이 결과변수는 프로그램이 제기한 어떤 변수들과도 체계적인 관련성은 없었다.

조사결과는 추가 검토가 필요한 치료와 실행의 속성에 대한 질문을 몇 가지 제기하였다. 한편 추가 및 정기 교육 모두를 제기하는 전문적 개발이 교사 관행에 바람직한 변화를 유도했다는 증거가 존재하는데, 이 구성요소의 중요성은 몇 사례들에서만 효과적으로 실행되었기 때문에 확실한 것은 아니다. 코칭은 이 영역에서 부적합한 전문적 개발을 극복시키는 듯했다. 그러나 코치들이 추가 프로그램에 능숙하지 않았고, 코칭의 양은 작용한 코칭의 방법과 이유가 불명확하기 때문에 체계적인 변화를 일으키지 못한 듯 보인다.

[그림 8-2]는 이러한 결과 일부를 통합하는 개선된 로직모델의 시작을 보여 준다. 읽기에 대한 흥미는 결과에서 제거되고, 교사 내용 지식 변화와 탐구기반 관행 활용 증가는 서로 의존하지 않으며 각각이 성취에 영향을 미친다. 코칭과 전문적 개발, 추가 프로그램이 강조되어 이 영역에 대한 심층적인 검토의 필요성을 보여 준다. 그리고 전체 모델은 신임 교사들에게만 적용하도록 변경되었다.

개입계획의 효과성이 확인되거나 거부되기 전에 분명히 새로운 조사가 이루어져야 할 것이다. 설명적 평가의 첫 단계가 확인한 한

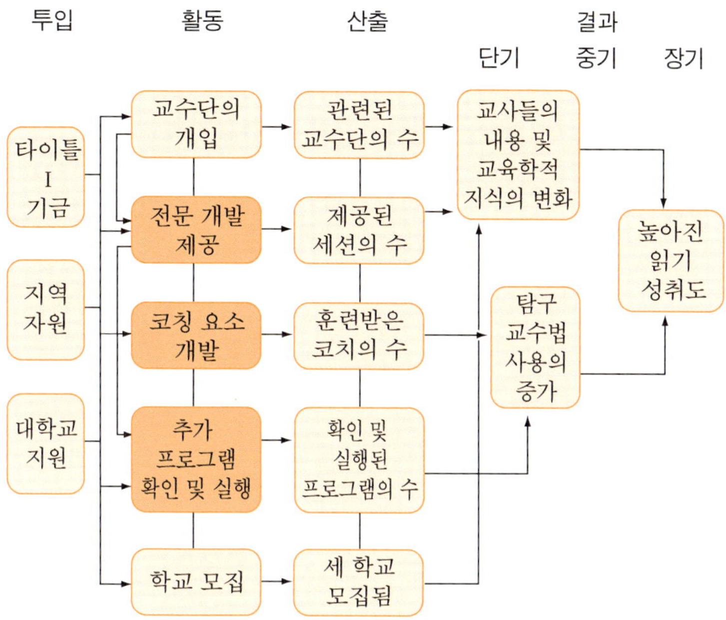

[그림 8-2] 수정된 로직모델: 신임 교사

가지는 대학교 교수단과 12학년 교육자들 간의 파트너십이 전개되고 실행되어 교육을 지지할 수 있다는 것이다. 또한 전문적 개발 프로그램은 신임 교사들이 그들의 교육 관행을 바꾸고 성취도가 낮은 학생들의 성취도를 향상시키는 데 도움이 되었다.

프로그램의 개발과 시험이 계속되는 동안, 변화이론은 분명히 여러 차례 수정을 거칠 것이다. 또한 이러한 수정은 새로운 변수를 포함시킬 것이다. 원래 포함되지 않은 요인들이 관계 유형과 나타난 결과를 결정하는 데 역할을 할 수 있는지를 검토하는 데는 개방적인 자세를 유지하는 것이 언제나 중요하다. 내재이론의 초기 부분에 포함되지 않았던 어떤 요인들이 발견된 변화에 체계적이고 중요한 영향을 미치는 것으로 보였는가? 로직모델의 한 가지 위험은 모델에 기술된 것만을 찾다 보면 평가자가 중요한 역할을 하는 다른 변수들을 놓칠 수 있다는 점이다.

요 약

이 장은 평가자가 실제 변화이론의 유효성을 사정하면서 로직모델을 사용하여 어떻게 형성 및 총괄적 문제 이상으로 나아갈 수 있는지를 보여준다. 이전 장에서 열거된 질문들을 토대로, 설명적 평가에 관여하는 평가자는 모델 안에서 가정된 우연성과 연속이 경험적 결과로 확인되는지를 검토한다. 최종 결과는 일반적으로 변화이론을 수정하거나 더 탐구해야 할 필요가 있는 질문들을 확인하는 것이다. 설명적 평가는 작용하는 것과 그렇지 않은 것에 대해 이해하는 데 큰 도움을 줄 수 있다.

생각해 볼 문제

1. 설명적 평가를 시행하는 것에 대한 찬반을 논의하라. 어떤 조건하에서 그것이 중요한가? 그것은 평가자와 프로그램 개발 팀 간의 상호작용에

어떻게 영향을 미칠 수 있는가?

2. 신임 교사들을 위해 개발된 모델을 생각해 보라. 만약 평가에서 다음 단계를 취하고 있다면 당신은 코칭과 추가 프로그램 구성요소를 어떻게 더 탐구할 것인가? 탐구할 가치가 있는 대안적 변화이론을 주장하는 로직모델을 그려 보라.

3. 중기 결과로서 독자로서의 자신감과 읽기 흥미 모두를 포함시킨 원래의 프로그램 공식을 기억해 보라. 어떻게 연구가 그들의 영향력을 재검토해야 하는지를 생각하라. 변화이론을 묘사할 로직모델을 확인하라.

09

로직모델 개발의 도전

이 장에서는 로직모델을 개발하고 사용할 때 부딪히는 공통된 문제들을 논의한다. 일부는 우리가 로직모델을 위한 기본 토대를 다지면서 이전 장들에서 언급한 것이고, 그 외 새로운 사항이 추가된다. 논의는 폭넓은 범위의 여러 문제를 중심으로 조직된다. 특별히 다음 사항이 논의될 것이다.

- 로직모델의 기본 특징에 대한 오해
- 적합한 수준 찾기
- 로직모델을 만병통치약으로 간주하기
- 객관성 유지하기

문제에 대한 이 같은 논의는 로직모델을 사용하지 못하도록 하려는 것이 아니라, 오히려 도구를 사용하면서 만날 수 있는 문제들에 민감하게 대처할 수 있도록 해 주려는 것이다.

1. 로직모델의 기본 특징에 대한 오해

로직모델의 기본 특징과 속성을 제대로 이해하지 못하면 그것을 개발하기 어려울 뿐만 아니라 사용하는 것은 거의 불가능하다. 이 영역에서 자주 발생하는 실패는 ① 용어 혼돈, ② 더욱 일반적인 결과를 위해 구체적인 측정도구로 대체하기, ③ 단향성(unidirectionality) 가정, ④ 활동을 위한 시간 틀 구체화의 실패의 네 가지다.

1) 용어 혼돈

아마 로직모델을 처음 사용하는 사람들에게 가장 큰 장애물은 활동이나 산출, 결과를 구분하는 일일 것이다. 이 세 가지 구성요소의 정의를 검토하고 구체화시켜 보자.

결과는 나타나는 하나의 변화다. 즉, 결과는 대개 한 사람, 그룹 혹은 제도적 구조의 변화로 프로그램이 달성하려는 목적을 반영한다.

활동은 목적을 향해 가기 위해 취하는 움직임이나 일련의 행동들이다. 과정과 생산적 사고의 관점에서 결과가 생산물이면 활동은 과정이다. 활동의 가치는 그것이 생산물을 유도한다는 것인데, 목적에 도달하는 데는 도움이 되지만 목적 그 자체는 아니다.

산출은 활동이 발생했음을 반영하는 측정물로서 즉각적인 활동의 결과다. 프로그램 목적 달성을 반영하지는 않지만, 목적을 유도하리라 예상되는 활동이 취해졌음을 문서화하는 데 도움이 된다. 일반적으로 산출은 숫자로 표현된다.

종종 산출과 활동이 결과로 오해되는 경우가 있는데, 아마 다음과 같은 여러 가지 이유에서일 것이다.

첫째, 프로그램 개발자들은 활동의 관점에서 생각하는 데 익숙하다. 그들은 언제나 활동을 개발하고 활동하는 입장에 있으면서 활동이 시기적절한 방식으로 발생하는가를 확실히 해야 한다. 그들은 과정에 초점을 둔다. 그러므로 과정을 효과적으로 활동하는 것이 목적 자체가 되는 것이 놀라운 일은 아니다.

둘째, 결과를 확인하기보다는 과정이 실행되는 것을 확인하는 것이 더 쉽다. 때로 결과 달성에 필요한 긴 시간을 참지 못하고 개입에 관여한 사람들이 활동의 성공적인 달성을 축하하도록 유도할 수 있다. 활동이 실행되었다는 증거를 제공하는 산출은 목적이 달성되었다는 지표가 된다.

셋째, 이미 앞에서 논의된 두 이유들은 활동과 목적 모두가 정의되었다고 가정하지만, 목적이 사실상 상실된 경우가 있다. 이 경우 활동이나 과정은 목적이 되고 활동의 도구적 효용성은 절대 제기되지 않는다.

넷째, 상황을 더 복잡하게 만드는 것으로, 목적이 실제 과정의 활동이기 때문에 어떤 프로그램에서는 이러한 구별이 비현실적이라는 점이다. 이러한 점이 혼란을 극대화시킨다. 특별한 프로그램이 개발 사슬이나 일련의 프로그램 안에 파묻혀 있을 때, 어떤 부분의 최종 목적은 사실 활동을 개발, 시도 혹은 조정하거나 산출을 창조하는 것일 수 있다. 이러한 경우에 모든 부분들이 보다 말단부의 목적을 향해 어떻게 들어맞는지를 보여 주는 로직모델을 개발하는 것이 의미 있지만, 프로그램 평가 목적에서 이러한 모델은 유익하지 않다. 이러한 프로그램을 위한 로직모델은 결과를 성공적인 활동으로 설정할 것이다.

2) 더욱 일반적인 결과를 위해 구체적인 측정도구로 대체하기

로직모델 개발에서 가장 바람직한 진행은 결과 영역을 확인하고, 그것을 조작화하여 그 영역을 사정하기 위한 적합한 측정도구를 확인하는 것이다. 예를 들어, 성취가 하나의 결과가 되어 표준시험 성적이 조작화되고, 테라노바(TerraNova) 성취시험이 결과를 측정하기 위한 특별한 측정도구일 수 있다. 때때로 프로그램 직원들은 특별한 측정이나 도구에서 결과 영역을 분리시키는 데 어려움을 느낄 수 있다. 즉, 직원들은 결과로서 성취를 표현하는 대신 가령 테라노바와 같이 관심 가는 결과를 측정할 수 있는 측정도구를 확인하고자 할 수 있다. 만약 테라노바 점수가 그 프로그램의 유일한 관심이라면 적합하겠지만, 이런 식으로 결과를 좁히는 것은 종종 지나치게 제한적이다. 가능할 때마다 일반적 영역을 확인하고, 그 영역의 대안적 정의를 검토한 다음, 바람직한 정보를 포착할 하나 이상의 측정도구를 제시하는 것이 좋은 방안이다.

3) 단향성 가정

가장 왼쪽에 투입을, 가장 오른쪽에는 결과를, 그리고 구성요소를 연결하는 오른쪽을 가리키는 화살표가 있는 로직모델에 대한 전통적인 묘사는 다른 종류의 문제를 일으킬 수 있다. 영어권 사람들에게 깊이 인식되어 있는 왼쪽에서 오른쪽으로 읽는 방식과 더불어, 이러한 시각적 배열은 사용자에게 로직모델은 왼쪽에서 오른쪽으로 진행해야만 하는 것으로 각인시켜 버린다.

항상 그렇지는 않다는 것은 사실 이해하기가 아주 어렵지만 매우 중요한 문제다. 평가자도 프로그램 개발자도 이 개념에서 깨어나지 않으면 로직모델을 효과적으로 사용할 수 없을 것이다. 단향성을 가정하는 것은 적어도 두 가지 중요한 이유에서 문제가 된다.

첫째, 왼쪽에서 오른쪽으로의 가정은 대부분의 기능적인 로직모델의 일부인 상호작용과 피드백 고리를 고려하는 데 실패한다. 제한된 기간의 가장 간단한 프로그램에서는 단기 결과 영역에서 발생한 것이 활동 구성요소에 영향을 줄 수 있을 것이라고 생각하는 것이 사실이다. 그 효과는 작거나 클 수 있다. 즉, 단기 결과에서 나온 정보는 일련의 활동을 개선할 수 있으며, 활동의 초점, 범위 혹은 순서를 다시 공식화하도록 요구할 수도 있다. 마찬가지로 장기 결과 영역에서 발생한 것은 다음 프로그램에 영향을 미친다고

도 볼 수 있다.

둘째, 단향성 가정은 달성되리라 예상되는 것이 목적과 특정 결과가 아니라 프로그램을 주도하는 투입이라는 바람직하지 못한 상황을 야기할 수 있다. 로직모델 개발에 대한 예에서 우리는 일관되게 결과부터 시작한 다음 로직모델이 만들어지는 동안 다양한 구성요소들 사이를 오고 가면서 작업하였다. 상하좌우로 움직이는 것은 모델을 만드는 데 중요한 부분이다. 일부 사람들이 우리가 여기서 사용하는 선적인 묘사보다 거미줄을 닮은 로직모델을 선호하는 것은 이러한 이유에서다. 거미줄 형태는 이처럼 유용하지만, 무엇이 무엇을 유도한다는 예상을 결정하는 데는 좀 더 어려움을 주기도 한다.

4) 활동을 위한 시간 틀 구체화의 실패

로직모델은 시간 개념이 묘사되는 활동이론에 추가되고 나서야 완전해진다. 활동과 평가 목적을 위해 활동이 언제 완료되리라 기대할 수 있는지, 그리고 다양한 수준에서 완성된 결과를 언제쯤 기대할 수 있는지에 대해 생각하는 것은 중요하다. 간단히 본다면, 단기 결과는 일반적으로 2년 안에 일어나리라 예상되며, 중기 결과는 2~5년, 장기 결과는 5년 이상이다. 그러나 이런 식으로 결과를 정의 내리는 것은 분포가 큰 집단에서 일어나는 일을 설명하기 위해 평균값을 사용하는 것과 같다. 이는 어디서 일어나는가를 알려 주지만 실제 정확하게 무엇이 발생하는지는 나타내지 못한다.

이것은 로직모델 개발에서 결과와 활동을 위한 시간 틀 상술과 관련해서도 비슷하다. 시간에 대한 일반적인 규칙이나 틀보다는 오히려 프로그램의 특별한 본성이 반영될 수 있는 시간 틀을 추구해야 한다.

시간 틀은 파생되는 중요한 문제들을 가지고 있다. 만약 시간 틀이 분명하게 제시되지 않으면(혹은 부정확하게 제시되면), 평가자들은 결과를 너무 빨리 찾아서 활동이론은 부정확하다고 그릇된 결론을 내려 버린다. 이와 반대로 목표들이 충족되지 않았고 변화이론의 수정이 결정되기 전에 지나치게 많은 시간이 할애되는 일이 발생할지도 모른다. 아주 간단한 프로그램에서도 언제 결과가 발견될 것인가를 예측하는 것은 하나의 도전이 될 수 있다. 복합적인 요소들과 다양한 결과를 포함시키는 보다 복잡한 프로그램에서는 도전이 더욱 중요해진다. 다시 말해, 다른 영역에서처럼 로직모델은 최종 상태가 굳어져 있는 것이 아님을 기억하는 것이 중요하다. 시간 틀은 프로그램이 펼쳐질 때 무엇을 배우는가에 근거하여 수정될 수 있다. 경험에서 나온 추측이 일부 상황에서 기대하는 최선의 바람이겠지만, 언제 활동이 완성되고 변화가 예상되는지를 상술하는 데 실패하는 것보다는 추측이 훨씬 낫다.

2. 적합한 수준 찾기

또 다른 도전은 로직모델에 포함시킬 적절한 세부사항 수준을 알아내는 것이다.

1) 복잡성 속에서 길을 잃다

위험에 처한 학생이 누구인가를 확인하기 위해 새로운 협약서(protocol)를 채택하는 것과 같은 단순한 프로그램의 경우, 로직모델을 개발하는 일은 비교적 간단한 활동이다. 그러나 어떤 경우—특히 프로그램에 여러 개의 구성요소가 포함되고 복합적 결과 영역을 제기하리라 예상되는 경우—에는 로직모델의 개발이 복잡하고 시간이 걸리며 실망스러울 수 있다. 따라서 중요한 구성요소를 배제하거나 지나치게 많은 세부사항을 포함하지 않고 프로그램의 변화이론을 설명하는 적합한 수준을 확인할 수 있어야 한다.

2) 지나친 단순화

물론 '복잡성 속에서 길을 잃다' 의 반대는 로직모델의 구성요소와 무엇이 무엇을 유도한다고 보는지를 충분히 분명하게 하는 데 실패하는 것이다. 복잡한 활동이 일괄적으로 다뤄지고, 활동, 산출, 결과가 얼마나 명확하게 연계되어 있는가를 구별해 내지 못할 때 이는 큰 문제가 된다. 이러한 경우 로직모델은 프로그램의 주요 부분들을 보여 주는 쉽게 이용 가능한 시각정보이지만, 내재한 이론의 묘사와 평가를 위한 발판으로 활용하는 데는 실패한다.

3. 로직모델을 만병통치약으로 간주하기

평가 분야에서 로직모델의 인기가 높아지면서 새로운 위험이 등장했다. 로직모델을 프로그램과 평가 모두의 성공을 보장하는 일종의 만병통치약으로 보는 것이다. 로직모델은 단지 도구일 뿐이다. 그 효능은 그것이 다루는 자료의 질에 달려 있다. 만약 자료가 불완전하다면, 도구를 적용해도 설계의 기본적인 부적합함은 바꾸지 못할 것이다. 이와 관련해서 다음과 같은 여러 가지 일반적인 잘못이 있다.

- 실제적인 변화이론이 존재하지 않을 때 로직모델을 창조하려는 노력
- 대안적 변화이론을 인지하고 탐구하는 것의 실패
- 로직모델 밖의 요인들에 민감해지는 것의 실패
- 로직모델이 엄격한 설계의 필요성을 제거한다는 믿음

1) 실제적인 변화이론이 존재하지 않을 때 로직모델을 창조하려는 노력

제1장에서 두 가지 형태의 지식 근원(연구와 경험)이 변화이론을 개발하는 데 중요한 것으로 확인되었다. 변화이론은 수집된 사건이나 이전의 지식으로부터 학습된 것을 바탕으로 하여 발견된 것

을 복제하거나 새 상황으로 확대하려고 시도한다. 어떤 활동이 어떤 결과를 유도해야 하는가에 대해 예상할 수 있으며, 프로그램의 목적은 이러한 예상들을 확인하거나 확인하지 않는 것이다. 그러나 모든 프로그램이 이 특별한 지식 구축 접근법을 따르는 것은 아니다. 때때로 프로그램은 일어난 일을 보기 위해서 혹은 다른 상황 속에서 새로운 기술을 시도하기 위해서 시작된다. 또한 개념 탐구는 '목적 배제' 적이어야 한다는 개념을 토대로 하는 명성이 자자한 작업 라인이 존재한다. 이러한 경우, 로직모델을 세우려는 시도는 부적절하거나 심지어는 역생산적일 수 있다.

2) 대안적 변화이론을 인지하고 탐구하는 것의 실패

로직모델 구축이 반드시 알맞게 창조된 로직모델이 고려되어야 할 중요 특징들을 요약한다는 것을 의미하지는 않는다. 로직모델에 대한 한 가지 중대한 비판은 그것이 인정되어야 하는 경쟁적 이론에 충분한 관심을 쏟지 않은 채 하나의 가능한 변화이론에만 초점을 둔다는 것이다. 이러한 대안적 이론들을 이해하려고 노력하고, 가능하다면 탐구해야 하는 다른 가설들이 어떤 이론에서 제시되는지를 인지하려고 노력하는 것이 중요하다. 실제적인 위험은 한 가지 변화이론에 대한 초점이 로직모델의 초점 밖에서 일어나는 사건이나 결과를 적합한 수준으로 민감하게 받아들이지 못한다는 것이다. 만약 로직모델의 결과가 평가자로 하여금 모델 밖에서 일어나는 영향이나 결과를 보지 못한다면, 그 연구는 잘못된 것이다.

3) 로직모델 밖의 요인들에 민감해지는 것의 실패

로직모델을 만들면서 상황적 특징들이 짧게 다뤄질 수 있다. 모델의 초점이 구성요소의 연결성에 의지하는 것은 바람직하다. 그러나 모델에 중요한 상황적 특징이 상술되지 않는다면 불완전하고 부정확해진다. 로직모델의 개념이 소개된 첫 장에서 우리는 체계이론의 공헌을 지적했다. 어떠한 개입도 홀로 존재하지 못한다. 개입은 언제나 큰 체계나 개별 체계들 안에서 활동된다. 체계의 중요한 특징(상황적 특징)들을 상술하는 것은 지식 구축과정을 위해 중요하며, 또한 구체적인 특정 예에서 더 확장된 보편적인 예로 나아가도록 일반성에 발판을 제공하는 데 중요하다.

4) 로직모델이 엄격한 설계의 필요성을 제거한다는 믿음

로직모델은 프로그램의 중요한 특징들을 분명하게 하는 방식과 모델의 구성요소들이 어떻게 일부 바람직한 결과를 가져오리라 예상되는가를 보여 준다. 이론의 정확성에 대한 자신감은 예상된 결과에서 야기되는 모델의 활동에서 나온다. 이러한 접근방식은 치료의 성공이 비교될 수 있는 대안적 개입을 창조할 수 없거나 새로운 이론의 가치가 처음으로 탐구되는 상황에서 유용하다. 그러나 로직모델의 타당성(validity)은 일반적으로 실험적 혹은 준실험적 방법론을 이용하는 연구 설계를 통해 달성되는 것만큼의 엄격한 증거로는 간주되지 않는다. 사실 대안적 로직모델을 개발한 다음

실험적 방법으로 상대적 효력을 시험하는 것은 무작위 실험보다도 더한 최고의 방법을 의미하는 것이다. 가능할 때마다 실험적 설계와 로직모델 간의 이점들을 조합함으로써 평가는 강화될 수 있다. 하지만 이러한 기회들은 드물고 비용이 많이 든다.

4. 객관성 유지하기

마지막으로, 평가자로서 프로그램이 무엇에 대한 것인지를 철저히 이해하는 동시에 객관성을 유지하고 프로그램의 형태와 범위에 대한 결정들로부터 거리를 유지하는 것이 중요하다. 로직모델은 객관성이 고려될 때 양날의 칼이 될 수 있다. 한편으로 모델을 만드는 활동은 평가자에게 프로그램에 대한 더 큰 이해와 무엇이 언제 측정되어야 하는가에 대한 더 높은 민감성을 갖도록 한다. 다른 한편으로는 평가자가 프로그램 팀과 협력하여 로직모델을 개발할 때 종종 전개하는 개입과 상호작용이 객관성에 위협을 가할 수 있다. 로직모델을 개발하는 데 평가자가 비판적 친구의 역할을 맡는 것은 드문 일이 아니다. 이 역할을 수행하는 평가자는 팀과 협력하여 가정과 예상을 명료히 하고, 의견 차이를 해결하며, 프로그램의 계획을 조정한다.

알려진 것이 명확하지 않거나 함께 유지되지 않는 듯할 때 제기되는 질문, 그리고 적어도 특정 현상이 어떻게 제기되어야 하는가에 대해 연구조사가 알려 주는 바에 관한 평가자 자신의 믿음에서 일부 나타나는 질문 사이의 미묘한 균형은 반드시 유지되어야 한다.

평가자에 의해 부적절하게 제기된 질문이 프로그램의 완성에 영향을 주는 범위 내에서, 평가자는 바람직한 것보다는 변화의 이론을 확인하는 데 자신이 좀 더 관여되는 상황을 만들어 낸다. 이러한 위협을 해결하는 간단한 방법은 없다. 각각의 상황은 객관성을 유지하는 데 고유한 문제를 일으킨다. 평가자는 이 문제에 민감성을 유지하고, 변화의 이론을 예리하게 하는 것과 틀을 갖추는 일 사이의 상이성을 인지하는 것이 중요하다.

요 약

이 장에서 우리는 로직모델 개발에서 나타나는 문제점들을 검토했다. 문제점들은 유효하며 유익한 모델 개발, 모델이 어떻게 사용되는가, 그리고 평가자의 역할과 관련이 있다. 이러한 문제점들을 극복할 유일한 방법은 없다. 각각은 프로그램과 평가 과제의 범위 안에서 제기되어야 한다. 중요한 것은 이 문제에 민감성을 유지하면서 각각의 개별적 상황을 극대화하는 방식으로 문제를 해결해 나가는 것이다.

생각해 볼 문제

1. 목적 배제 평가는 로직모델이 부적합한 특정 상황으로 인용된다. 로직모델 사용과 양립할 수 없는 다른 평가 패러다임을 생각할 수 있는가? 그 이유는 무엇인가?
2. 때때로 결과 영역의 변화가 아닌 활동이나 과정이 프로그램의 목적이 된다. 이런 경우, 로직모델은 어떤 모습일까?
3. 로직모델의 강점과 한계점을 재검토하라. 도구를 가장 유용하게 만드는 것은 무엇인가? 어디서 유용성이 떨어지는가?

10 복잡한 프로그램을 위한 로직모델 개발

이 장과 다음 장에서는 다양한 평가 목적들을 위한 로직모델 사용을 자세히 살펴본다. 이전 장에서 제기되었던 문제들을 토대로 로직모델의 개발과 사용, 직면한 문제들에 대한 몇 가지 사례연구를 이야기해 본다.

이 장에서는 읽기 우선 프로그램(Reading First Program)을 검토하고, 로직모델이 복잡한 프로그램을 평가하는 데 사용될 수 있는 다양한 방법들을 논의한다. 그 예들은 다음과 같다.

- 로직모델이 복잡한 프로그램에서 평가문제들을 어떻게 명확히 하는 데 도움이 되는지 보여 준다.
- 로직모델이 어떻게 복잡한 프로그램의 수준과 구성요소들을

제기할 수 있는지 보여 준다.

- 로직모델은 도구이지 정답이 아님을 상기한다.

1. 평가의 상황

읽기 우선(Reading First: RF)은 초등학교 3학년(K-3) 수준의 읽기실력을 높이기 위한 국가적 주요 프로그램이다. 이는 주정부에 자금을 제공하고, 차례로 학군과 학군 안의 학교들에 자금을 제공한다. 자격 조건은 사회경제적 지위와 읽기시험 성적의 관점에서 가장 낮게 정의된 학교들이다. 읽기 우선은 조기 읽기교육에 대한 효과적인 접근법으로 알려진 것에 토대를 두는데, 이는 음향학, 음소론, 어휘, 유창성, 이해력의 다섯 가지 본질적 특징을 제기하는 것이 중요하다고 강조한다. 프로그램은 전문적 개발, 교사 보조, 적절한 연구기반 자료 채택, 학교 차원에서 추가하는 직원들을 포함한다. 연방 프로그램은 필요한 기본 매개변수들을 배열하지만, 이러한 매개변수 안에서 주정부는 고유한 프로그램을 구성할 수 있으며 주정부만의 특별한 상황, 자원, 관련 노력을 고려할 수 있다.

읽기 우선의 주요 목적은 초등학교 3학년생들의 읽기능력을 높이는 것이며, 모든 그룹의 학생들이 가장 높은 수준의 결과를 획득하는지를 확인한다. 또한 프로그램은 교사와 교장에게 영향을 미쳐, 과학적으로 읽기에 기초한 이해와 그들의 연구결과와 조화되는 교육을 제공할 능력의 향상을 예상한다. 더욱이 이 프로그램은 전국의 모든 학생들에게 도움을 주기 위해 조기 읽기교육을 지지하면서 더 잘 준비된 교육체계의 혜택을 받지 못하는 기본적 시설을 변화시킬 것으로 예상되는 능력 수립 노력(a capacity-building effort)의 일환이다.

1) 평가 도전

A주(state)는 읽기 우선을 운영하도록 연방교육부에서 보조금을 받았다. '읽기 우선 A주(Reading First State A: RFSA)' 프로그램은 교육부에서 개략한 목표를 달성하도록 설계된 한편, 동시에 이미 정부에서 확립된 읽기기반 시설을 기초로 한다. 이 기반시설에는 영어과목 표준, 다양한 대학교의 전문적 개발 제공자들과의 관계, 지지 서비스의 지역 전달에 기초한 기술적인 지원 틀 구조가 포함된다. 주정부는 다음과 같은 평가를 요구하고 있다.

- 프로그램이 학생의 읽기능력을 향상시키는 목적을 만족시키는 범위에 대한 검토
- '읽기 우선 A주(RFSA)' 가 다른 주들의 독창성 및 확립된 기준과 어떻게 일치되는지에 대한 사정
- 교육적 목적 달성의 관점에서 무엇이 작용하고 무엇이 그렇지 않은지에 대한 보고
- 다른 주요한 개선 노력을 위해 사용된 관리전략과 학습된 교

훈들에 대한 평가

평가제안서 요청을 처음 받았을 때, RFSA 프로그램은 이미 진행 중이었다. 학군의 제안에 대한 요청이 발표되었고, 최초 지원자들이 고시되어 자금을 받았다. 세 지원자가 예상되었다. 초기 계획은 전문적 개발과 기술적 지원을 위해 전개되고 활동되었다.

(1) 도전 1: 평가 목적 명확히 하기

평가자가 직면한 첫 번째 도전은 주가 RFSA 프로그램에 대하여 무엇을 알고 싶은가를 명확히 하는 것이다. 주정부에서 나온 다음과 같은 네 가지 평가 요구를 검토함으로써 평가가 복합적 목적들을 포함할 것으로 예상되었다.

- 학생의 읽기능력이 향상되는지에 대한 총괄적 질문이 존재한다.
- RFSA 프로그램이 다른 주정부의 프로그램과 어떻게 조정되는지(조정 혹은 조정 부재의 결과를 포함하여)에 대한 보다 체계적 질문이 존재한다.
- 변화과정의 역동성과 그에 영향을 미치는 요인들에 대해 더 깊이 이해해야 할 필요성이 존재한다. 주정부는 단지 프로그램의 성공 여부만이 아니라 성공의 이유와 그 프로그램이 목적 달성에 공헌하거나 억제한 요인들을 알고 싶어 한다.
- A주는 이러한 범위와 복잡성을 가지고 있는 프로그램을 효과

적으로 관리하는 방법에 대한 이해를 촉진시키는 데 관심이 있다. 교육적 향상뿐만 아니라 관리(management)와 조직적 변화도 더 배우고 싶어 한다.

이 질문 배열은 적어도 두 가지 렌즈를 통해 프로그램과 프로그램의 동일한 특색을 바라보는 듯하다. 첫 번째는 교육적 목표가 달성되는가를 사정하는 교육적 렌즈다. 두 번째는 프로그램 감독과 관리가 올바로 기능하는지를 사정하는 프로그램 관리의 렌즈다. 우선 두 가지 필요성은 단순히 각 특징을 들어 그것에 대한 교육적, 관리적인 두 가지 질문을 함으로써 수용될 수 있다고 보인다.

그러나 이런 식으로 평가에 접근하는 것은 분석을 단편화시켜 프로그램의 조각들이 초점이 되는 결과를 야기한다. 변화를 위해 체계적 접근방식으로 시작하는 것은 그 방식의 체계적 자질을 상실하는 것이다. 이에 직면하여 평가는 교육과 학습에 대한 연구와 관리에 대한 연구라는 두 가지 하위 연구로 재개념화된다. 이에 대해 두 가지 로직모델이 개발되는데, 하나는 교육적 문제를 제기하고 다른 하나는 관리와 조직적 변화 문제를 다룬다.

[그림 10-1]은 교육과 학습 변화에 초점을 두는 로직모델의 시작을 보여 주고, [그림 10-2]는 관리와 조직적 문제를 제기하는 로직모델을 보여 준다. 이 모두가 전문적 개발, 기술적 지원, 테스트 등과 같은 동일한 특색을 제기하고 있지만, 두 연구의 목적은 내재된 변화이론이 그렇듯 분명 상당히 다를 것이다. 로직모델은 요구된 구별의 부분을 더 명확히 한다. 아주 상이한 평가계획과 자료 유형

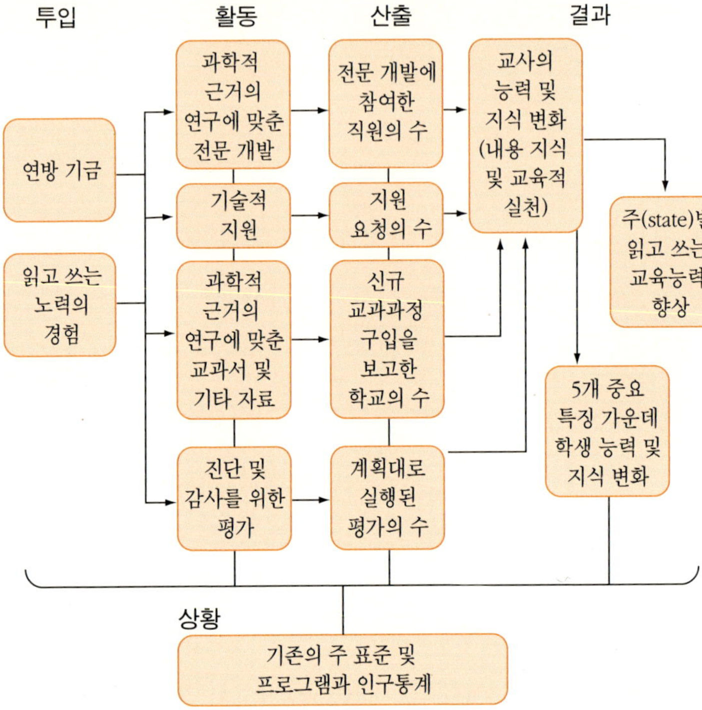

[그림 10-1] 교육 및 학습을 위한 RFSA 로직모델

은 두 가지 문제(교육과 학습, 관리와 조직적 문제)를 제기하는 데 필요하다.

(2) 도전 2: 조사의 경계 정의하기

두 번째 도전은 평가의 경계를 정의 내리는 것이다. 제1장에서 우리는 체계가 복합적 하위 체계들로 구성될 수 있다는 개념을 논의했다. 읽기 우선과 같은 복잡한 프로그램은 더 큰 체계 안에 다시 하위 체계들이 포함된 다음과 같은 하나의 체계로 생각할 수 있다.

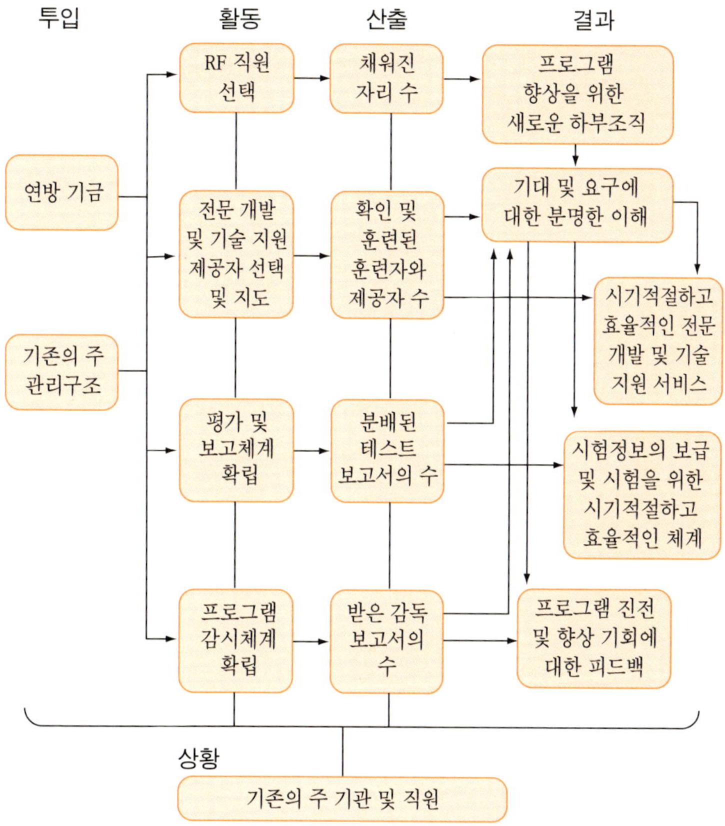

[그림 10-2] 관리 및 조직적 변화를 위한 RFSA 로직모델

- 읽기 우선(RF) 프로그램은 전문적 개발, 자료 지원, 기술적 지원, 학교 변화와 같은 여러 개의 조각으로 이루어진다. 각각은 전체적인 읽기 우선 변화체계 기능에 중요한 역할을 한다.
- 각각의 조각들은 그 자체가 잘 기능하거나 그렇지 못할 수 있는 복잡하게 맞물린 부분들을 가지는 하위 체계다.
- RFSA 프로그램과 그 구성요소들은 또한 기존의 커리큘럼 기

준, 전문적 개발 지원, 학교 향상 노력을 갖춘 주정부 교육체계와 같은 더 큰 체계의 일부다.

도전은 기존의 서비스 체계와 통합하기 위해 얼마만큼의 변화이론이 필요한가를 결정하는 것이다. 문제는 이러한 기존의 서비스들이 연구되는 과정의 일부이거나 프로그램이 조작되는 상황의 일부가 되는 범위다. [그림 10-3]은 기존 서비스의 역할이 좀 더 두드러지는 대안적 로직모델을 보여 준다(산출은 그림을 단순화하기 위해 생략했다). 이는 [그림 10-1]의 로직모델에 대한 활동 가능한 대안으로 상호작용하는 체계의 현실을 분명하게 인식하고 있다.

얼마간의 논쟁이 있은 후에 대안적 로직모델이 거부되었다. RFSA는 더 많은 배경 역할을 가정하는 현존하고 진행 중인 주정부

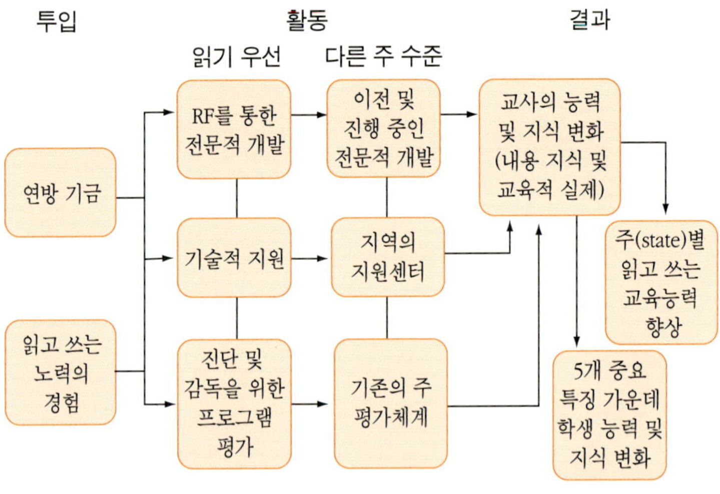

[그림 10-3] 교육 및 학습을 위한 RFSA/주 서비스 로직모델

체계와 함께하는 평가에 초점을 두어야 한다고 결정되었다. 변화이론은 읽기 우선 프로그램에 삽입된 이론이며, 기존의 주정부 체계는 원래 묘사된 상황으로 고려되었다.

이러한 결정은 사소한 결정이 아님을 인지하는 것이 중요하다. [그림 10-3]의 로직모델은 읽고 쓰는 교육결과에 영향을 미친다고 보는 변수들의 대안적 개념화를 분명히 보여 준다. 만약 [그림 10-1]이 아닌 [그림 10-3]이 채택된다면, 평가에서 탐구할 요인들은 달라진다. 동일한 결과를 찾겠지만 결과를 설명하면서 검토되는 특색들은 새로울 것이다. 앞 장에서 설명된 로직모델 사용에 대한 한 가지 비판은 평가자가 왜 변화가 일어나는가 또는 일어나지 않는가에 대한 상이한 그럴듯한 설명을 무시하게 된다는 것이다. 읽기 우선 프로그램의 예는 하나 이상의 합리적인 대안 묘사가 존재하며, 로직모델을 가지는 일이 평가자가 어떤 결과의 대안적 설명을 인식하지 못하도록 해서는 안 된다는 사실에 대한 인상적인 설명을 만들어 낸다.

(3) 도전 3: 로직모델을 위한 적합한 수준 결정하기

하나의 관련된 문제는 로직모델의 적합한 내용을 결정하는 것이다. 이는 앞에서 여러 번 언급했던 것으로, 계속되는 문제다. 당연하지만, 문제는 더 복잡한 프로그램에서 더 커지고 결과 또한 더 커진다. [그림 10-1]은 읽기 우선 체계의 구성요소에 대한 합리적인 개요, 그리고 그것이 다른 것과 어떻게 구별되는지를 제시하지만 상대적으로 보았을 때 여전히 세부적이지 못하다.

로직모델이 변화이론을 완전히 포착하고 평가를 이끌기 위해서는 각 주요 구성요소를 특징화하는 특성들에 대하여 더 분명해질 필요가 있다. 한 활동이 '과학적으로 기초한 연구와 조정되는 전문적 개발' 이라고 진술하는 것은 특징화를 시작하는 주요한 구성요소이지만 충분하지는 않다. ① '과학적으로 기초한' 이라는 용어의 의미에 대하여 프로그램 팀 구성원들 간에 공유된 이해가 존재함을 확실히 하고, ② 평가의 일부가 될 측정 가능한 변수들을 정의하기 위해서 특성에 대하여 좀 더 분명해질 필요가 있다.

이 전문적 개발 구성요소를 더 자세히 살펴보자. 평가가 계획될 때는 누가, 무엇을, 언제 등을 고려하는 것이 중요하다.

- 누구를 위한 전문적 개발인가? (학교 기반의 코치, 교장, 교사, 다른 지원 관련자)
- 무엇에 대한 전문적 개발인가? (교육의 내용, 특별 요구가 있는 집단 다루기, 교육학)
- 프로그램 평가의 어떤 단계에 있는 전문적 개발인가? (인식을 위한 근본 지식, 활동 설치를 위한 특별한 주제, 활동 유지를 위한 미세 조정)

우리의 사례에서, 그리고 종종 복잡한 프로그램에서는 층을 이룬 로직모델을 개발하는 것이 유용하다. 첫 번째 층([그림 10-1])은 모든 기본 구성요소들을 배열하고 프로그램의 특색을 전달하기 위해 충분한 세부사항이 들어 있다. 두 번째 층은 각 구성요소 부분에 대한 더 많은 세부사항을 추가하는 일련의 미니 로직모델을 제시한다. [그림 10-4]와 [그림 10-5]는 전문적 개발을 위한 미니 모델이다. 이 두 모델은 전문적 개발을 전개하고 전달하는 단계들을 배열하기 시작하면서 프로그램의 3년이라는 기간에 예상되는 강조점을 보여 준다. 또한 2년째부터 시작해서 상이한 시점에서 시작한 지원자들을 위해 계속되는 활동들을 보여 준다.

(4) 도전 4: 시간이 흐름에 따른 변화 포착하기

평가 및 로직모델과 관련하여 시간이 흐름에 따라 발생하는 적어도 두 종류의 변화가 있다. 첫 번째는 프로그램 안에서 일어나는 변화다. 이는 새로운 필요가 확인될 때 구성요소를 추가하거나 수정할 수도 있고, 프로그램이 진전되면서 다른 필요가 나타날 때 구성요소를 변화시킬 수도 있다. 또한 대부분의 읽기 우선 프로그램은 학교의 여러 지원자들을 보조하므로 집단의 일정하지 않은 속성 때문에 나타나는 변화가 있다. 후자는 아마 상황변수를 기술함으로써 효과적으로 인지될 수 있을 것이다. 전자는 더 심각한 의미를 가진다. 처리나 활동에 대한 예상치 못한 변화가 이루어져야 하는 범위에서 프로그램의 변화이론 그리고 평가계획까지 수정하는 것은 중요한 일이다.

예를 들어, RFSA 프로그램에는 읽기 우선 참가라는 3년에 걸친 전문적 개발을 통하여 점진적인 변화가 나타나도록 하는 코치들(교장과 교사들)을 위한 전문적 개발계획이 있었다. 첫해는 과학적으로 기초한 읽기연구의 기본을 세우고 내용과 교육적 문제들의

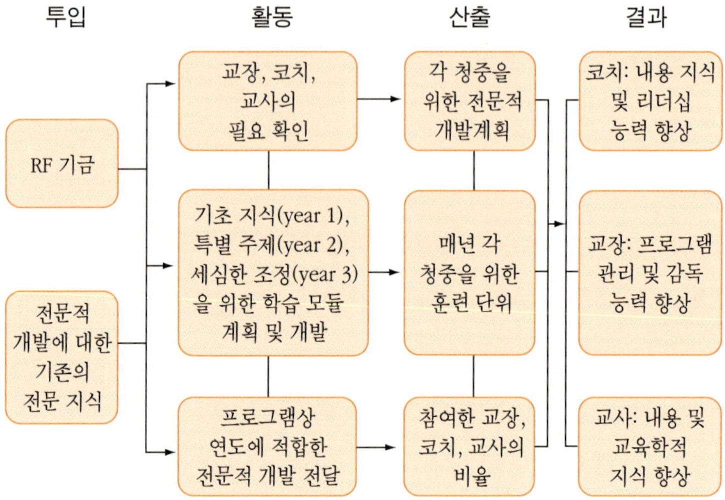

[그림 10-4] RFSA 전문적 개발을 위한 로직모델-1년

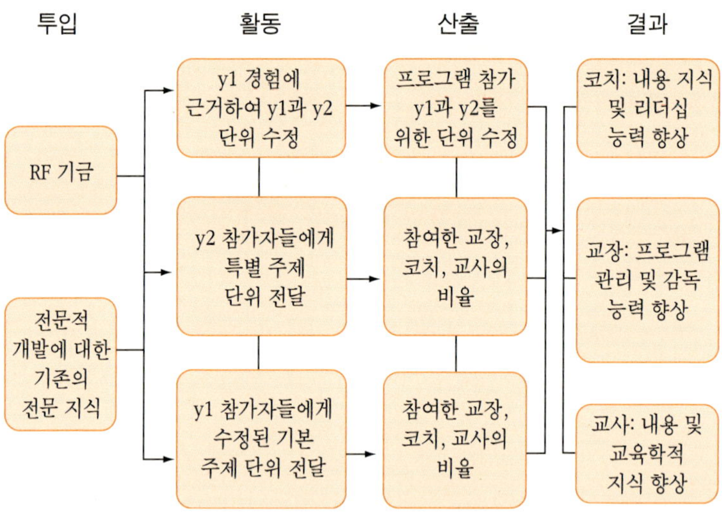

[그림 10-5] RFSA 전문적 개발을 위한 로직모델-2년

* y1 = year 1, y2 = year 2

범위를 살펴보는 해로 개념화된다. 둘째 해는 특별한 요구가 있는 아동을 다루거나 개별 학생의 요구를 파악하고 교육을 계획하기 위해 다양한 사정도구를 효과적으로 사용하는 것과 같은 특별한 주제에 초점을 맞춘다. 셋째 해는 이해의 정도를 조정하고, 공식 전문적 개발구조의 지원 없이도 계속해서 고급 수준의 지원을 제공할 수 있는 마스터 코치를 개발하는 것으로 설계되었다. 그러나 첫해의 여름이 지날 때쯤, 프로그램의 둘째 해에 접어든 학교에 반드시 첫해에 훈련받은 동일한 직원이 들어올 필요는 없음이 분명

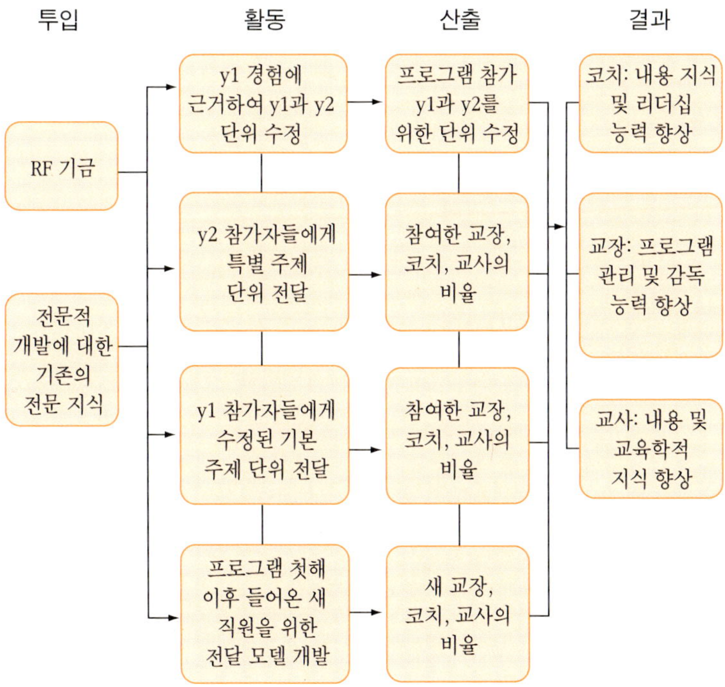

[그림 10-6] RFSA 전문적 개발을 위한 로직모델-2년 수정

* y1 = year 1, y2 = year 2

해졌다. 사실 매년 코치는 떠날 수 있으므로 훈련된 직원과 읽기 우선 전문적 개발의 경험이 없는 새로운 직원이 섞일 수 있다.

이전 장에서는 로직모델을 확립되어 다시 볼 필요 없는 그림이 아닌 살아 있는 것으로 간주하는 것이 중요하다고 강조했다. 이 사례에서 로직모델은, 특히 전문적 개발 하위 체계를 위한 미니 로직 모델은 축소를 다루는 조정을 보여 주기 위해 수정되어야 한다. [그림 10-6]은 수정된 모델이다.

요 약

이 장은 로직모델이 복잡한 프로그램에서 할 수 있는 역할을 설명하였다. 단일 프로그램을 사용하여 우리는 로직모델이 다음과 같이 활용될 수 있는 방안을 설명하였다.

- 수많은 평가 목적들을 위한 변화이론 설명
- 하나의 특정 프로그램에도 적용될 수 있는 변화이론의 구체화
- 프로그램의 제 측면들에 대한 변화이론 제시
- 프로그램이 진행되면서 나타나는 변화이론 속의 수정 포착

이러한 예들은 계속해서 로직모델이 평가 프로그램을 명확히 하고 인도하는 데 다재다능한 도구임을 증명해 준다. 우리는 또한 이것이 도구이

지 특효약은 아님을 상기해야 한다.

생각해 볼 문제

1. [그림 10-1]과 [그림 10-2]를 토대로 로직모델이 주장하는 형성평가 질문들을 열거해 보라. 그것을 제기하기 위해 수집해야 할 자료의 예를 제시해 보라. 수집된 자료의 공통점과 차이점의 잠재적 영역을 확인하라.
2. 이 장은 RFSA 평가에 발판을 제공하기 위해 사용될 수 있는 두 가지의 대안적 로직모델을 제시하였다. 당신에게 친숙한 프로그램을 골라서 적어도 2개의 대안적 로직모델을 개발하라. 각각에 대한 찬반을 설명하라.

11 프로그램 집단 평가를 위한 로직모델 사용

이전 장에서 로직모델이 복잡하고, 다면적이며, 다년도적인 평가연구에서 평가 작업을 명확히 하고 알리는 데 어떻게 사용될 수 있는지에 대해 논의하였다. 이 장에서는 다른 유형의 평가 관련 활동에서의 로직모델 사용에 대한 예를 추가한다.

이 장은 로직모델이 다음과 같은 일을 하기 위해 어떻게 사용될 수 있는지 보여 준다.

- 프로그램 집단을 설명하기 위한 틀 구조 만들기
- 틀 구조를 프로그램들이 어떻게 실행하는가에 대한 변화 보여 주기
- 크로스커팅(cross-cutting: 영화에서 대조적 장면을 삽입하는 기

술-역자 주) 가설을 탐구하기 위해 수집해야 하는 자료 유형 확인하기

1. 교차 프로그램 분석

고등교육기관(Institute of High Education: IHE) 개입의 부가가치(Value-Added of IHE Engagement: VAIE)에 관한 연구는 국립과학재단의 수학 및 과학 파트너십 프로그램이 자금을 제공하는 8개의 체계적 개선 노력에 대한 교차 프로그램 분석(cross-project analysis)이다. (여기의 예는 현재 웨스타트[Westat]가 활동하고 있는 연구에 근거한다. 이 장에서는 설명의 목적으로 로직모델의 일부를 변경하였다.)

연구는 그 자체로 메타분석은 아니고, 오히려 다른 예비 프로그램에 토대를 두는 연구 프로그램이다. 수학 및 과학 파트너십(Math and Science Partnership: MSP) 프로그램은 중요한 국가적 연구 및 개발 노력으로서, 수학과 과학 분야에 고등학교 3학년생(K-12)들의 성취를 높이기 위해 혁신적인 파트너십을 지지한다. 과학, 기술, 공학, 수학(Science, Technology, Engineering, and Mathematics: STEM)에 IHE의 교수단이 깊이 개입한다는 것이 프로그램의 특징이다. 프로그램의 지도교수단은 고등학교 3학년 교사들에게 필요한 주요 지식을 제공할 수 있고, 만약 IHE 교수단이 충분히 개입한다면 교사들의 내용 지식과 고등학교 3학년의 교육적 프로그램이 강화된다고 가정한다. 최종 목표는 학생의 성취도 향상이다.

VAIE는 4년간의 연구로 지역별 적합한 수단을 통해 공유된 목적을 달성하기 위해 개발된 선택적 MSP 프로그램에서 나타나는 결과에 토대를 두고 그것을 통합시키기 위해 설계되었다. 교차 프로그램 연구는 STEM 교수단이 MSP에 어떻게 개입하는가를 묻고 있다. 그들의 개입은 교사의 자질을 향상시키고 학생의 성취를 높이는 데 차이를 만들어 내는가? 특정한 개입이 이러한 차원에서 다른 것보다 더 크거나 더 작은 공헌을 하는 특별한 상황이 나타나는가? 본질적으로 프로그램은 무엇이 작용하며, 누구를 위해, 어떤 상황인지를 질문하는데, 다음과 같은 여섯 가지 문항을 사용하였다.

① STEM 교수단을 활동에 개입시키기 위해 프로그램은 어떤 방법(즉, 전략, 실천, 정책)을 사용하며, 그것은 IHE 유형별로 어떻게 다른가?

② 상이한 유형의 IHE에서 다양한 방법으로 어떤 수준의 개입이 획득되는가?

③ STEM 교수단 개입이 고등학교 3학년 교사의 내용과 교육학적 지식 증가에 기여하는 범위는 어떠한가?

④ STEM 교수단 개입이 학생 성취에 기여하는 범위는 어떠한가?

⑤ STEM 교수단 개입에 대한 정책적 함의는 무엇인가?

⑥ 교수단 개입은 어떻게 진전되며, 그것은 지속 가능해 보이는가?

VAIE 프로그램이 취하는 접근방법은 다음을 위해서다.

- 후보 프로그램들을 확인하기
- VAIE 프로그램이 교수단 개입과 관련하여 무엇을 하는가에 대한 이해 개발하기
- 현장 방문, 인터뷰, 프로그램 보고서 재검토, 자료의 2차 분석을 통해 프로그램이 성숙할 때 교수단 개입의 결과 검토하기
- 교수단 개입이 고등학교 3학년 수준의 과정을 개선하는 데 부가가치를 낳는지의 여부를 결정하고, 만약 그렇다면 어떤 특징 혹은 특징들의 조합이 이를 촉진하는지 결정하기

이 프로그램의 첫 과제는 연구되는 프로그램을 설명하기 위해 사용할 틀구조를 개발하는 것이었다. 프로그램에 접근하여 탐구하는 특정 변화이론을 설명하는 일관적이고 체계적인 방식을 확인하기 위해 틀구조가 필요했다. 전체적인 MSP 프로그램을 위한 로직모델이 존재했지만, 이 프로그램 로직모델은 VAIE 프로그램에 필요한 로직모델이 아니었다. 여기에는 고등교육 교수단, 그들의 역할, 그 역할의 결과연구에 대해 유리한 입장에서 활동과 결과를 살피는 로직모델이 필요하다. 이러한 틀구조를 개발하는 여러 다른 방식이 있었지만, 프로그램 지도자들은 이 목적을 위해 하나의 로직모델을 사용하기로 결정하였다. 이에 따라 개발된 로직모델이 [그림 11-1]이다.

장기 목적에서 시작하여, 직원들은 이러한 교수단 개입에서 나

오리라 예상되는 결과 범위를 가지고 직원들의 아이디어를 함께 모았다. 흥미롭게도, 연구의 주요 초점은 고등학교 3학년 교육체계에 대한 부가가치였지만, 결과적 목록은 고등학교 3학년과 고등교육 수준 모두의 변화를 다루었다. 두 수준에서 제공된 가능한 유익한 숫자는 거의 똑같았는데, 이는 교수단 개입이 K-20[1] 교육체계에도 유익하다는 것을 의미한다. 고등학교 3학년과 고등교육 체계 모두 교수단 개입으로 혜택을 받는다는 이 예상은 K-20 교육범위와 함께 잠재적인 행위와 이익을 반영하는 다양한 단기 결과와 관련 활동들로 이루어진 로직모델을 유도하였다. 이는 연구 초점을 다소 바꾸어 두 파트너들을 위한 혜택을 바라보는 데까지 확대시켰다.

앞 장에서 보다 전형적인 로직모델에 관해 논의한 것과 같이, 이 로직모델은 또한 VAIE가 수집해야 하는 자료 종류의 기반이 된다. 예를 들어, IHE 교수단과 고등학교 3학년 과학 혹은 수학 교사들 간의 상호작용은 설명과 분석의 주된 초점이다. VAIE의 목표는 커리큘럼의 향상인 활동뿐만 아니라 현직 전문적 개발을 제공하기 위해 취해진 활동들의 윤곽을 그리는 것을 포함한다.

'교수단 개입을 지원한다' 라는 활동은 IHE 개입이 권장될 수 있는 잠재적인 방안의 범위를 검토할 것을 주장한다. 잠재적 방안에는 휴식시간, 장학금, 보상 그리고 다른 인센티브들이 포함된다. VAIE가 제기하는 질문들 중의 하나는 제공되는 지원, 그것이 시간

1) 미국의 K-20 교육 네트워크의 교육체계를 들 수 있다(www.wa-k20.net)
- 역자 주

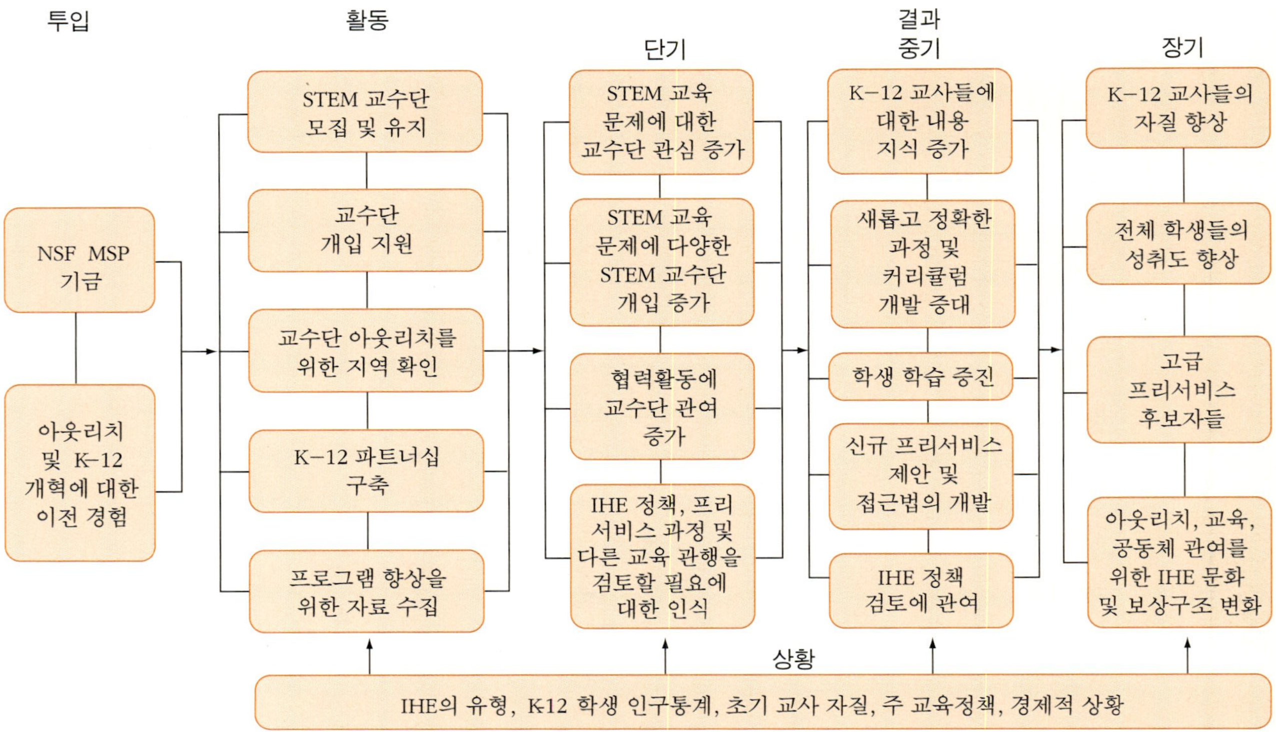

[그림 11-1] VAIE 로직모델

에 따라 어떻게 변화하는가, 고등학교 3학년이든 IHE 수준에서든 바람직한 결과를 가져오는 데 다른 것보다 더 유익해 보이는 지원은 무엇인가 등이다.

역시 자료 수집 노력을 강화하는 또 다른 활동 박스는 IHE 정책과 실천에 관련된다. VAIE는 아웃리치나 혹은 고등학교 3학년의 학교 내 지도가 어떻게 발전하는가, 그리고 공식적인 정책 변화가 프로그램 결과에 영향을 미치는지의 여부와 같은 활동에의 개입과 관련된 기관의 정책을 탐구한다.

이 로직모델은 틀구조이지 완전하게 기술된 변화이론은 아니다. 그러므로 [그림 11-1]의 VAIE 로직모델은 단지 구성요소들 간의 연계성만을 나타낸다. 따라서 활동과 특정한 단 · 장기 결과를 연결하는 화살표가 없다. 그보다 이 로직모델은 연결될 수 있는 잠재적인 하위 구성요소들을 나타내고 있다. 앞서 명시된 VAIE 프로그램의 과제는 개별 MSP들이 이러한 연계를 어떻게 만들며 그 연계가 형성한 결과가 무엇인지를 살펴보는 것이다.

초기 연구는 프로그램이 여러 가지 방식으로 교수단을 사용하고 있고, [그림 11-1]에 제시된 일반적 모델의 다양한 부분들을 강조하고 있음을 보여 준다. 이에 반해 [그림 11-2]는 하나의 변화가 있는 로직모델을 제시하고 있다.

이 그림은 한 주요 고등교육기관과 세 학군을 포함하는 고등학교 3학년 파트너십이다. 향상은 수학과 과학 교육에서 추구된다. 파트너십의 주요 목표는 프로그램이 끝난 후에 현직 훈련 활동을 계속해서 지원할 수 있는 교사 리더 집단을 형성함으로써 지속적

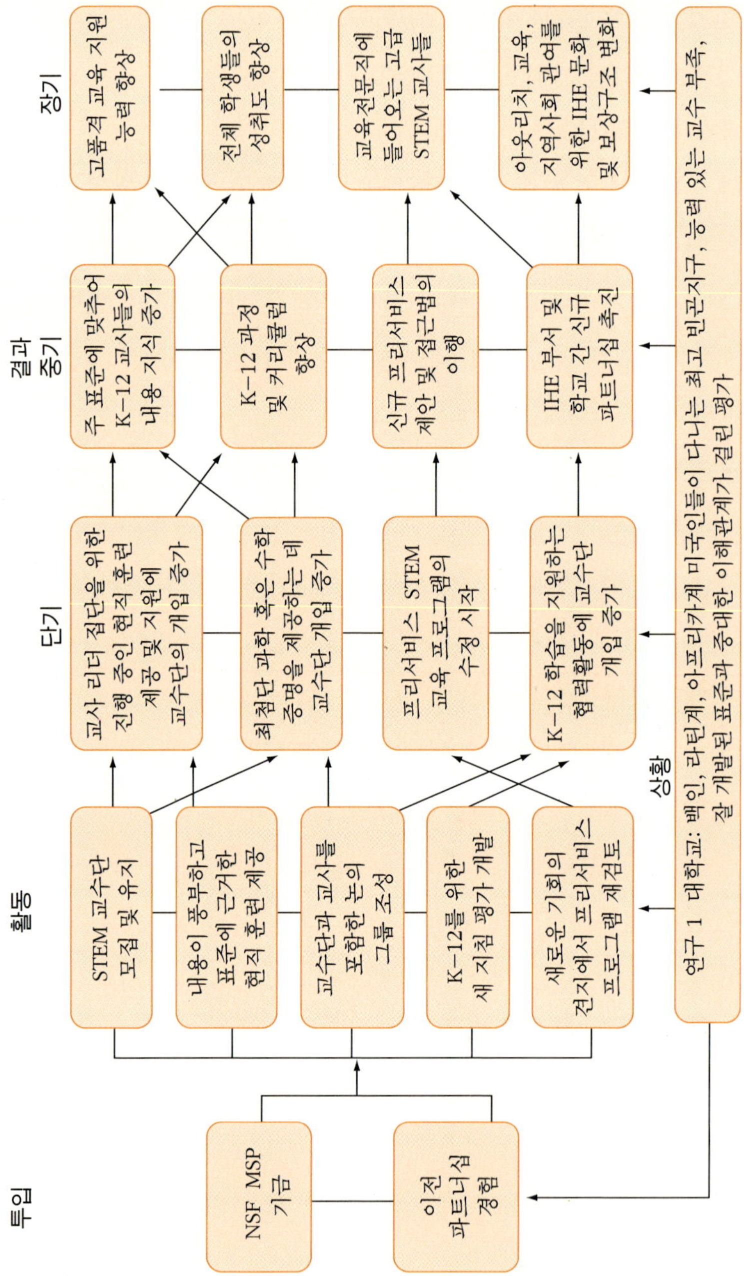

[그림 11-2] 서부지역 주정부 교사 리더 시안

이며 향상된 교육능력을 창출하는 것이다. 이 파트너십은 교사 자질 향상과 전문적 개발을 지속할 수 있는 교사 리더 집단 형성을 위한 현직 훈련 활동, 커리큘럼 지원을 위한 도구 및 자료 개발, 발표와 교실 방문을 통한 지식 및 최신 연구 공유와 같은 여러 방식으로 IHE 교수단을 활용한다.

두 번째 주요한 관심의 초점은 IHE만의 사전 서비스 프로그램이다. 이 구성요소는 기존 과정구조의 변경뿐만 아니라 IHE의 교육 교수단과 훈육 교수단 간의 더 긴밀한 관계 형성을 포함한다. 이 활동과 다른 활동을 통해 프로그램은 고유한 구조 안에서 새 파트너십을 형성하고, 아웃리치와 교내 교육을 위한 분위기도 변화시킬 것으로 기대된다.

[그림 11-3]은 변화과정에 개입된 또 다른 파트너십 프로그램을 위해 개발된 로직모델이다.

이 두 번째 프로그램은 고등학교 수준에서의 과학교육을 향상시키는 데 초점을 두고 있다. 이 프로그램에서는 한 대학교의 여러 캠퍼스, 지역 전문대학, 연구기관이 파트너가 된다. 프로그램의 특별한 목표는 보다 탐구 기반의 관행을 고등학교 과학교육에 도입하는 것이다. 로직모델이 보여 주듯이, IHE 교수단은 커리큘럼 개발, 워크숍 상호작용, 협력적 노력에 가담하게 되는 프로그램을 통해 고등학교 3학년과 작업한다. 이 프로그램에서는 IHE 교수단이 전통적인 현직 훈련 활동에서 상대적으로 작은 역할을 하면서 워크숍이나 여름 강습회에서 자료를 전달한다는 것이 흥미롭다. 오히려 여기서 상호작용은 교수단과 교사 간의 다양한 종류의 협력

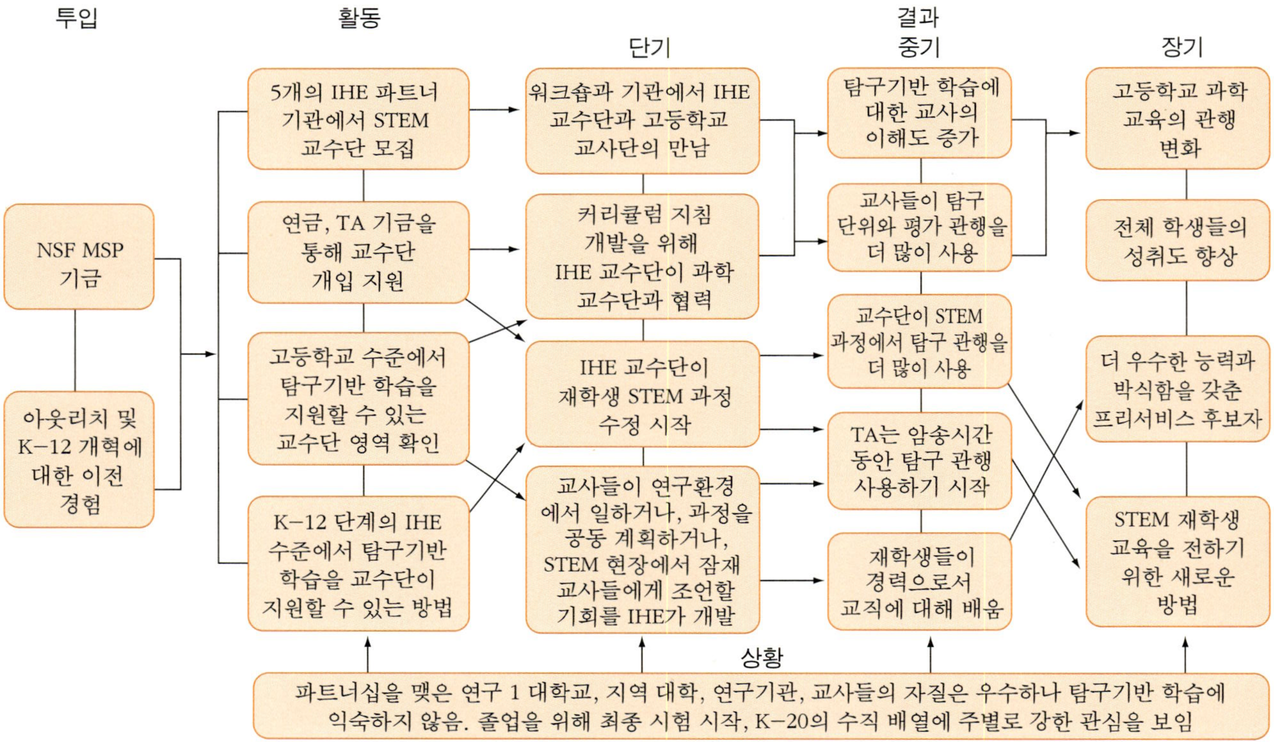

[그림 11-3] 프로그램 VIM 로직모델

으로 이루어진다. MSP의 또 다른 특징은 IHE 수준에서 교육 변화를 강조하는 것이다. 이 초점은 IHE의 강조점이 사전 준비였던, 이제까지 우리가 윤곽을 그린 많은 MSP들과 달리 전반적인 STEM 교육 관행을 바꾸기 위한 노력이다.

이 VAIE는 3년째 접어들고 있다. 지금까지 로직모델은 파트너십 프로그램에 대한 자료를 조직하고 종합하고 제시하는 데 유용했음이 증명되었다. 로직모델은 탐구되는 다양한 변화이론과 그들 간의 구별을 설명하는 한 방식이었다. 이제는 결과의 문제를 제기하여 구성된 변화이론을 설명하고 학교, 교실, 기관 수준에 미친 영향력을 추적할 시간이다.

요 약

이 장은 평가와 연구에서 로직모델의 또 다른 사용, 즉 공유된 목적이 있지만 초점과 수행전략이 다른 프로그램 집단을 설명하고 탐구하기 위한 일반적 틀구조의 설립을 설명하였다. 프로그램 집단을 위한 틀구조인 로직모델은 자료 수집을 위한 기회를 확인하도록 해 주는 것은 기본이며, 개별적인 프로그램 로직모델들을 개발하는 데 시작점 역할을 하고, 전략과 그 결과를 비교하고 대조하는 구조를 제시한다. 이 로직모델은 또한 가능한 활동과 결과 범위를 하나의 일관된 구조로 조직하는 하나의 방안이며, 목적이 하나의 주제 혹은 그 이상의 주제에 대한 복잡한 개입에서 나오는 결과물을 종합하여 프로그램을 향상시킬 것이다.

생각해 볼 문제

1. 이 장에 제시된 로직모델을 사용하여 IHE 수준에서의 사전 서비스 교육과 고등학교 3학년 수준에서의 교육 및 학습의 변화에 대한 분리된 로직모델을 개발하라. 한 프로그램으로 통합하지 않고 별개의 프로그램으로 개입을 다루면 어떤 차이가 나타나는가?
2. 두 가지 접근법의 장단점을 논의하라.
3. 프로그램 집단을 연구하기 위해 로직모델을 사용하는 것에 대한 찬반을 논의하라. 과제에 접근하는 다른 방식을 제시하고 상대적인 강점과 약점을 논의하라.

12 기술 지원 제공을 위한 로직모델 사용

이 장에서는 분석을 지원하고 평가를 향상시키기 위해 복잡한 프로그램 속에서 로직모델이 사용되는 추가적 방법을 논의할 것이다. 또한 교육 영역을 벗어나서 지역사회 능력배양 프로그램으로 들어가, 교육 및 보건에서의 예들을 통해 우리가 설명한 원칙들이 다른 영역에서도 동일하게 잘 적용되는지를 다음의 논의를 통해 확인할 것이다.

- 확립된 지역사회 능력배양 프로그램을 평가하기 위한 로직모델 개발하기
- 특별 프로그램의 욕구를 충족시키기 위하여 로직모델의 특성 수정하기

• 프로그램 평가를 향상시키기 위해 기술적 지원도구로서 로직 모델 적용하기

1. 배 경

애팔래치아 지역위원회(Appalachian Regional Committee: ARC)는 애팔래치아 지역의 경제 및 사회적 발달을 촉진하기 위해 1965년부터 조직된 연방-주정부 파트너십이다. ARC에서 나온 사례는 웨스타트(Westat)가 활동하고 위원회가 자금을 제공한 연구에 근거한다. 이 장에서는 설명을 위하여 로직모델에 일부 변화를 주었다. 연구와 결과에 대한 보고서는 http://www.arc. gov/index.do?nodeId=57#eval에서 확인할 수 있다.

ARC의 위원회 능력배양 프로그램(Community Capacity-Building Program)은 2000년도에 재공식화되어 능력계발과 전기통신 및 정보기술의 두 종류의 노력을 지원하기 위해 형성되었다. 이를 위해 다양한 자금전략이 이용되었는데, 일부는 중앙에서, 다른 일부는 주정부나 지역 수준에서 시작되었다. Kleinder와 동료들(2004)에 따르면 자금을 제공받은 프로그램들에는 상당한 변화가 있었는데, 일반적으로 말해 하나 혹은 네 가지 이상의 다음과 같은 프로그램 전략으로 분류될 수 있다.

① 비전과 방향: 전략적 계획 및 지역 혹은 지방의 욕구에 대한

사정

② 개입: 지역사회 조직 또는 협회를 설립하거나 개발하는 데 지역사회 구성원들의 참여를 필요로 하는 소규모 프로젝트로 회의, 컨퍼런스, 포럼을 조직하여 아웃리치 운영하기

③ 기술과 지식: 그룹 지도 활동, 일대일 맞춤식 지도 활동, 자료 개발

④ 지원 활동: 기술적 지원을 제공하거나 획득하기

2003년에 ARC는 프로그램 결과를 측정하고 성공적 실천을 확인해 줄 평가를 요구했다. 게다가 ARC는 전체적인 모니터링과 결과에 대한 프로그램 기반 평가가 어떻게 향상될 수 있는지 확인하는 데 관심이 있었다. 이러한 목적 이상으로 프로그램을 사정하기 위한 일련의 결과 측정도구를 확인하는 더 광범위한 목적이 있었다. 제한된 자금 때문에 종합적인 제 삼자적 평가를 지원할 수 없었지만, 오히려 평가 아이디어는 프로그램 수준의 성공 사정과 앞으로의 평가활동을 위한 추천사항들을 개발하기 위해 프로그램에서 자체적으로 제출된 자료를 토대로 하였다.

2. 로직모델을 뒤에서부터 그리기

조사자들은 다양한 방식으로 지역사회 능력배양을 제기하는 약 100개의 프로그램에서 나온 결과물들을 프로그램 수준의 분석으

로 통합하는 한 방식이 프로그램을 위한 로직모델을 개발하고 그 토대 위에 프로그램 수준의 자료를 덧붙이는 것이라고 결정했다. 프로그램 수준에서의 이러한 로직모델 사용은 제2장에서 논의되었다. 이 사례에서 로직모델을 개발하는 데 모델을 뒤에서부터 그리기(backmapping)가 포함되었는데, 이는 프로그램이 수년 동안 제자리를 잡았고 또 현재 프로그램이 진행 중이라는 점 때문이었다. 이 사례에서의 도전사항은 기존 투자들의 전체는 아니더라도 대부분을 수용하는 평가 노력을 지도할 로직모델을 창출하는 것이 가능한지를 확인하는 것이었다. 이는 로직모델이 기존 프로그램에 의해 배타적으로 주도되었다거나 생겨나고 있는 모델의 모든 부분들이 완료되거나 진행 중인 작업과 조화되어야 한다는 의미는 아니다. 오히려 애팔래치아 지역에서 현재와 앞으로의 지역사회 능력배양 프로그램의 사정을 보고할 수 있는 포괄적 모델을 만드는 것이 목표였다.

이 모델의 구성은 우리가 논의했던 것과는 약간 다른 단계를 거쳤다. 프로그램에 내재한 변화이론에 근거하여 로직모델을 개발하는 대신, 직원들은 투입의 한 자원으로 프로그램 권유와 함축적인 변화 모델을 사용했다. 또한 가능성에 대한 더 큰 그림을 얻고 확립된 연구기반에 가능한 한 많은 작업 근거를 두기 위해, 직원들은 성공을 촉진시키거나 방해하는 요인들과 능력배양에 대한 이론적 및 응용적 관점에 대한 문헌을 재검토했다. 덧붙여 기술 지식은 프로그램의 목적, 범위 그리고 성취를 이해하기 위해 최종 보고서와 신청서의 검토, 워싱턴 사무소와 현장에서의 프로그램 리더십 논의, 프로그램 샘플을 위한 현장 방문, 추가되는 프로그램에 대한 전화 인터뷰를 통해서 획득되었다.

로직모델 개발의 목적을 위해 이러한 자료의 근원은 프로그램 활동, 산출, 결과, 그리고 그것을 결정하기 위해 사용된 측정을 정의 내리는 수단이 되었다.

[그림 12-1]은 프로그램을 위한 로직모델을 보여 준다. 또다시 우리는 모델을 간단히 하기 위해 산출을 제외하였다.

로직모델은 다음과 같은 내용을 포함한다.

- **투입**: 지역사회 능력배양 프로그램을 위한 플렉스 E(Flex-E) 보조금 프로그램, 애팔래치아 지역사회 학습 프로그램, 주정부 및 지방정부 자금의 세 가지 기본 자금 제공 출처
- **활동**: 프로그램의 광범위한 속성 때문에 수행될 수 있는 활동 범위가 상당하다. 그러나 프로그램 검토 후 활동이 네 가지 범주로 집단화될 수 있음이 지적되었다. 각각의 활동들은 이전에 언급된 기본 프로그램 전략 중 하나에 상응한다. 각각의 전략을 위해 특정 활동들이 제시되었다. 설명적일 뿐이지만 다른 것들을 추가할 수 있다. 예를 들어, 기술과 지식전략하에서 설명적 전략은 워크숍과 과정, 일대일 학습활동, 자료 등을 포함한다.
- **결과**: 이 로직모델은 두 가지 방식으로 결과를 제시한다. 결과의 첫 번째 그룹은 개인, 조직, 지역사회라는 수혜자의 유형에 잠재적 혜택을 보여 준다. 이 로직모델의 활동과 함께 잠재적

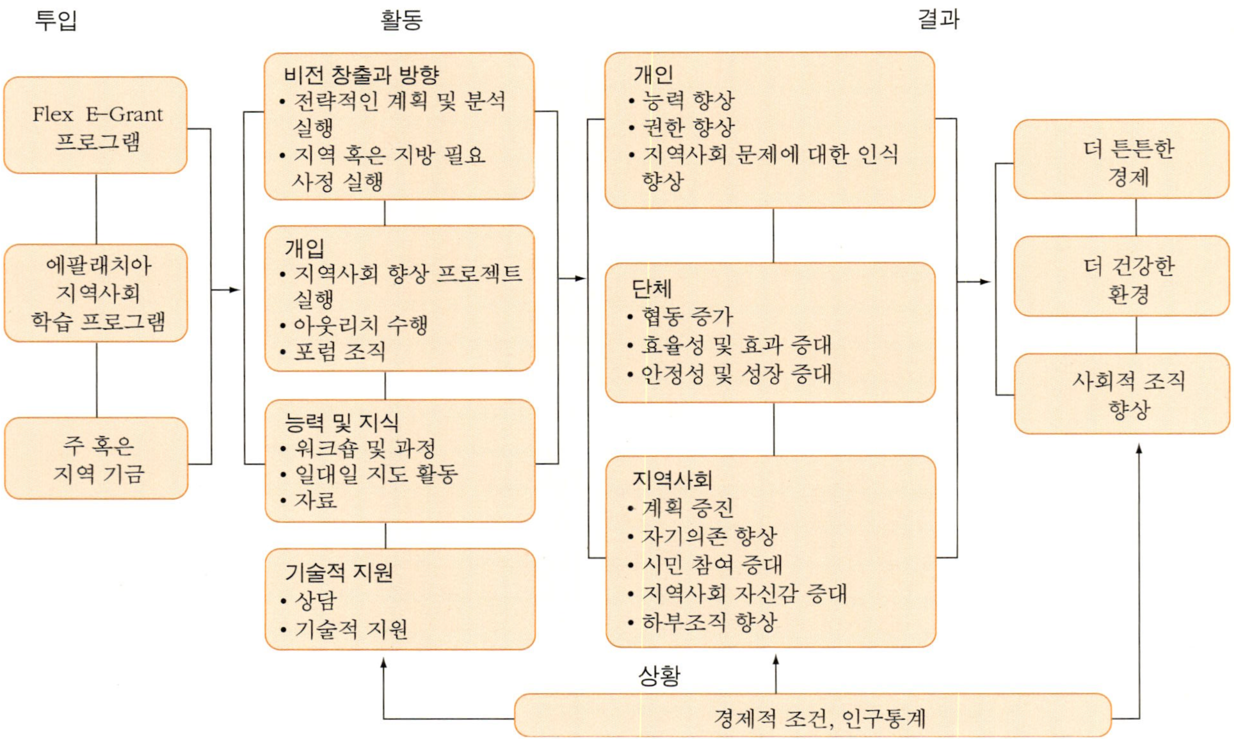

[그림 12-1] ARC의 지역사회 능력 프로그램을 위한 로직모델 메뉴

결과는 각 수혜자 그룹에 대한 결과로 무엇이 발생한다고 보는지 예상하는 데 이용된다. 결과의 두 번째 그룹은 누가 영향을 받는가의 관점이 아니라 영향받은 지역사회나 경제, 환경, 사회적 조건 등과 같은 문화의 관점에서 혜택을 분류한다. 프로그램은 ARC 지역사회 능력배양 프로그램을 통해 지원되는 특정 활동들의 한계 이상으로 확대되어 더 폭넓은 체계적 영향을 미칠 것이라고 예상된다.

- 상황: 상황적 요인의 두 가지 폭넓은 범주는 경제적 및 인구통계학적 범주로 기술한다.

프로그램에 영향받을 가능성이 있는 지역사회나 문화적 측면에 대해 결과변수를 추가하는 것은 궁극적으로 성공이 모델에 기술된 영역의 관점에서 검토되는 프로그램 관리자와 평가자에게 몇 가지 흥미로운 도전을 제기한다. 그것은 다음의 두 가지 질문을 고려할 필요가 있다. 첫째, 어떤 지점에서 이러한 체계적 변화가 발생했다고 사정하는 것이 적합한가? 둘째, 정확하게 결과 목적이 도달되었다는 여부를 결정하기 위해 측정되어야 하는 것은 무엇인가?

기술과 지식 향상을 위한 프로그램 전략을 예로 들어 보자. 만약 프로그램이 영양 공급과 같은 특정 영역에서 지식 및 기술을 향상시키려는 목적을 가지고 있다면, 프로그램에 참가한 지역사회 구성원의 성공, 즉 체계적 영향력에 대한 적합한 지표는 무엇이 되는가? 지역사회의 다른 이들도 유사한 기술 및 지식을 얻는가? 건강과 영양 공급의 분야에서 증가된 기술 및 지식에 대한 지속적인 요

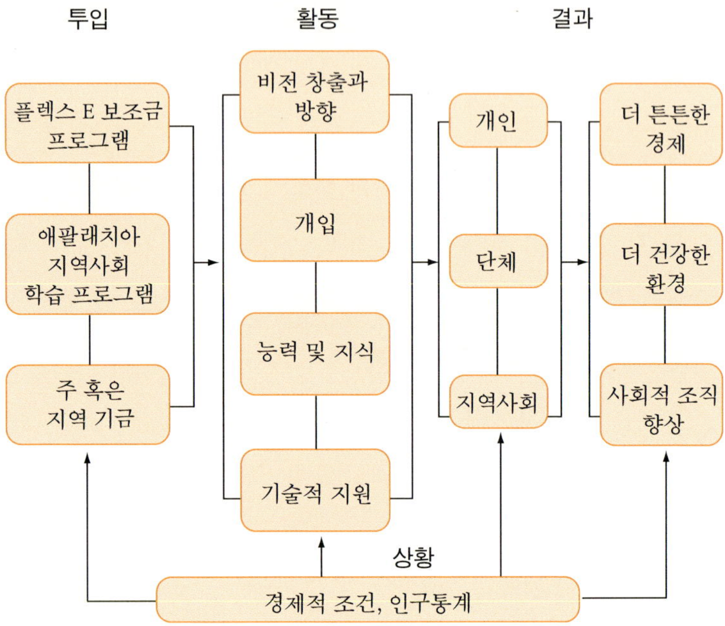

[그림 12-2] 자산과 부채를 포함하여 ARC의 지역사회 능력배양 프로그램을 위한 로직모델 메뉴

구와 접근이 존재하는가? 지역사회 구성원을 위해 학습 기회를 확대하는 것은 지속성의 중요성에 대한 이해의 변화인가? 이 질문들에 대한 하나의 정답은 존재하지 않는다. 확실히 이러한 체계적 영향력을 로직모델에 포함시키는 것은 팀 구성원들 간의 흥미로운 논의를 촉진시킨다. 평가가 궁극적으로 이러한 결과의 검토가 제한된 시간이나 자원 때문에, 혹은 허용되는 결과지표에 대한 동의가 이루어지지 않아서 활동이 불가능함을 발견하더라도 말이다.

3. 로직모델의 확대

지역사회 능력배양 프로그램에 대한 다양한 정보의 근원이 탐구되면서, 조사자들은 상황적 요인들이 이러한 프로그램의 수행 및 궁극적 성공에 영향을 주는 중요한 역할을 한다고 느끼기 시작했다. 그들은 단순히 경제적 및 인구통계학적 상황변수 범주를 열거하는 것이 아니라 프로그램 성공에 도전을 제기하거나 향상시키리라 예상되는 지역사회의 특정한 속성, 즉 강점과 약점들을 확인했다.

현장 방문과 인터뷰를 통해 다음과 같은 특정한 종류의 약점들이 중요한 영향을 미칠 수 있을 것으로 나타났다.

- 지역 의사결정과 지역사회 개입의 가치에 관련된 '부정적 규범' 을 전달하는 지역의 정치체계
- 이전의 실패로 영향력을 빼앗겼다고 느끼는 시민
- 다양한 지역적 부패
- 물질적 또는 비물질적으로 제한된 자원
- 외부인에 대한 불신과 의심

확인된 강점은 다음과 같다.

- 염려하는 시민들

- 강력한 지도자의 가능성
- 작고 긴밀한 지역사회 노동자들 간의 신뢰

이제까지 검토한 사례에서 이러한 변수들이 중요했기 때문에 프로그램 문서화에서뿐만 아니라 로직모델의 도형(template)에서도 더 큰 관심을 받을 만하다고 느껴졌다. 로직모델 메뉴는 상황변수의 중요 부분으로서 강점과 약점에 대한 관심을 환기시키기 위해 약간 수정되었다([그림 12-2]).

4. 로직모델의 적용

평가자들은 지역사회 능력배양 프로그램의 영향력에 대해서, 그리고 내재한 변화이론에 대해서 무엇을 배울 수 있는가를 확인하기 위해 자금을 제공받은 30개의 프로그램에 로직모델을 적용하였다. 적용과 관련해 다음과 같은 두 가지 질문이 제기되었다. 첫째, 증거가 로직모델에 의해 예측된 바람직한 영향력으로서 확인될 수 있는가? 둘째, 증거는 취해진 개입이 발견된 결과와 관련됨을 보여주기 위하여 프로그램에 의해 수집된 강성자료로서 존재하는가? 다시 말해, 로직모델 메뉴에 구현된 변화이론이 정확하다고 믿을 이유가 있는가 하는 것이다.

결과들은 혼합되었다. 예상된 결과는 사실 여러 경우에서 달성되었지만, 이러한 성과에 대한 증거의 기반은 약했고 변화이론에 대한 문서는 불충분해 보였다. 평가에서는 우리가 검토한 많은 프로그램들이 지역사회 향상에 분명히 기여를 한 한편 이러한 기여가 체계적인 방식으로 거의 문서화되지 않았다는 결론을 내렸다(Kleiner and others, 2004).

이 문서화의 결여와 관련해서는 활동 보고에 대하여 수반된 초점과 더불어 장기 측정결과의 부적절한 묘사, 평가에 대한 전문적 지식의 부족, 그리고 긍정적 영향이 일어날 것이라고 관리자들이 직관적으로 알았을 때 평가에 기꺼이 비용을 지불하지 못하는 태도의 세 가지 이유가 언급되었다.

당연한 것이지만, 프로그램들 속에 내재한 하나의 중요한 한계는 성공이 어떤 모습일지 상술하는 데 실패하였다는 것이었다. 대부분의 프로그램에는 합리적인 목적 진술이 포함되었지만, 측정 가능한 결과지표와 성공을 위한 표준에 대한 기준은 대부분 확립되지 못했다. 기술과 지식을 높이려는 프로그램 전략의 예로 돌아가서, 우리는 기술과 지식의 변화가 어떻게 측정되는지 그리고 어떤 종류의 변화가 일어나리라고 예상되는지를 프로그램이 기술하는 데 종종 실패했음을 확인한다. 참가자들이 더 많은 사실들을 알 것으로 기대했는가? 그 사실을 현실의 도전에 적용하리라 예상했는가? 리더십을 전하고 지역사회의 다른 이들을 지원하기 위해 새 지식을 사용하리라고 기대했는가?

이러한 일련의 상황에서, 프로그램 평가에서 어떤 결론을 내릴 수 있는가에 대한 한계를 인식하고, 기금제공자들이 바란 성과 사정에 대한 보다 일관된 접근을 지원하기 위해 기술 지원 속에서 로직모델을 사용하도록 결정되었다. 로직모델은 완전한 '실용(how-to)' 매뉴얼이 수반되지 않았지만, 문서는 프로그램에 모델을 적용하고 강력한 결과 사정을 개발하는 데 아이디어를 제시해 주었다. 또한 로직모델은 프로그램 직원들 간에 그리고 평가 예상에 대하여 프로그램과 프로그램 직원들 간 의사소통과 논의를 위한 시작점이 되었다. 로직모델을 소개하고 보고서를 웹사이트에 올림으로써, ARC는 또한 평가에서 요구되는 것에 관한 강력한 메시지와 목표, 결과, 성공을 위한 기준을 기술하기 위해 수행되어야 하는 일련의 생각들에 관한 강한 메시지를 보내기 시작했다. 이제 다양한 프로그램 투자로부터 배운 것뿐만 아니라 책임을 향상시키는 약속과 더불어 프로그램 평가와 결과 보고를 지도하는 발판이 제자리를 잡았다.

요 약

이 예는 로직모델이 변화이론을 분명히 하는 틀구조로서뿐만 아니라 기술적 지원도구로서 어떻게 기능하는지를 설명한다. 또한 내재한 프로그램 이론과 분명히 연관된 평가 옵션들의 윤곽을 그리는 한 가지 방식을 제공한다. 다양한 자료들의 출처들, 즉 문헌, 정책 문서, 프로그램 기획안이 어떻게 함께 사용되어 로직모델을 만들어 낼 수 있는지도 보여 준다.

생각해 볼 문제

1. 로직모델 개발은 문헌 및 뒤에서부터 그리기에서 도출된 다양한 출처의 자료들을 사용했다. 몇 년 동안 제자리를 잡았던 프로그램에 대한 로직모델을 개발하는 데 다양한 접근법들의 강점과 약점을 논의하라.
2. ARC 로직모델은 로직모델링 과정에 강점과 약점 같은 새로운 상황변수들을 도입한다. 이러한 변수들을 기술하는 것이 유익하고 중요하다고 보는가? 강점과 약점에 대한 기술은 모든 로직모델에 추가되어야 하는가, 아니면 특정 프로그램 유형에만 추가되어야 하는가?
3. ARC 로직모델은 지역사회 능력배양 투자의 한 결과로 발생하리라 예상되는 체계적 변화들을 구체화하고 있다. 이러한 추가적 결과가 유용하다고 여기는가? 체계적 결과를 기술하는 것이 비생산적인 경우가 있는가?

부록[1] 평가의 단계

총괄평가든 형성평가든 평가는 다음과 같은 여섯 단계를 거친다고 볼 수 있다.

- 1단계: 프로그램의 개념 모델 개발 및 핵심 평가 요점 확인
- 2단계: 평가질문 개발 및 측정 가능한 결과 정의
- 3단계: 평가 설계 개발
- 4단계: 자료 수집
- 5단계: 자료 분석
- 6단계: 보고서 작성

올바른 시작은 평가의 진행 및 효용에 중대한 영향을 미칠 수 있다. 그러므로 이 책은 올바른 시작의 개념을 다룬다. 그렇지만 6단계 모두가 고품질의 생산물을 제공하는 데는 비판적이다. 모인 정보가 중요하거나 유익하다고 인지되지 않는다면(잘못된 질문이었을 경우), 신뢰할 만하거나 설득력 있는 것으로 보이지 않는다면(잘못된 기술을 사용했을 경우), 또는 보고서

1) 이 부록은 Frechtling, J. (ed.). *User Friendly Handbook for Project Evaluation*. Arlington, Va.: National Science Foundation, 1993에 발표된 자료에 근거한다.

를 지나치게 늦게 제출하거나 이해할 수 없다면(교육 가능한 시기가 지났을 경우), 그 평가는 완전히 부적합한 것이 될 것이다.

1. 프로그램 개념 모델 개발 및 핵심 평가 요점 확인

제안된 모든 평가는 그 계획이 적용되는 개념 모델로 시작해야 한다. 이 개념 모델은 프로그램의 구조와 연결, 기대성과에 대한 공통된 이해가 존재함을 확실히 하기 위해 평가 설계를 가장 중요한 프로그램 요소에 집중시키는 데 도움이 되도록 사용될 수 있다. 개념구조를 개발하는 데는 여러 가지 방식이 있다. 이 책에서 우리는 로직모델이 이 단계를 완수하는 데 이상적인 도구라고 주장하고 있다.

일단 이 로직모델이 개발되고 연결성이 갖추어지면, 다음 단계는 활동과 영향력이 언제 나타날 것이라 예상되는지에 대한 설명을 관찰하고 명료히 하는 것이다. 시기적절성은 로직모델 개발의 일부이지만 로직모델 개발 작업이 종료된 후에 관찰해야 할 것이다. 평가과정이 진전됨에 따라 예상 시간틀을 결정하는 일에는 새로운 고려사항들을 불러 모으는 것보다 결정사항들을 다시 확인하는 일이 수반되어야 한다.

2. 평가질문 개발 및 측정 가능한 결과 정의

평가질문 개발은 개념 모델을 토대로 하며, 다음과 같은 여러 단계로 구성된다.

- 1단계: 핵심 이해관계자와 청중 확인하기
- 2단계: 이해관계자와 청중의 관심에 맞는 잠재적인 평가질문 설정하기
- 3단계: 측정 가능한 용어로 결과 정의하기
- 4단계: 질문의 우선순위를 정하고 제거하기

프로그램 매니저와 개별 프로그램 감독자들은 어떠한 프로그램에서든 핵심 이해관계자인 것은 분명하지만, 평가계획을 개발하는 데 이러한 개인들

을 넘어 다른 가능 청중과 정보를 향한 그들의 욕구를 고려하는 것이 중요하다. 모든 프로그램에는 복합적 청중이 존재한다.

잠재적 정보 욕구를 확인하는 과정에는 대개 단일 평가 노력에서 제기될 수 있는 것보다 더 많은 질문이 필요하다. 그러나 잠재적 질문에 대한 종합적인 고찰은 평가 설계자들에게 모든 가능성들을 명시해 주며, 그들이 평가 질문 가운데서 정보에 입각한 선택을 내리게 해 준다. 각각의 잠재적 질문은 확실한 기준에 따라 포함 여부를 우선적으로 고려해 보아야 한다. 그 기준은 다음과 같다.

- 프로그램의 목적과 프로그램의 지역 이해관계자들에 대한 정보의 공헌도는 어느 정도인가?
- 누가 그 정보를 사용할 것인가?
- 이 질문에 대한 대답이 지금 이용할 수 없는 정보를 산출하는가?
- 이 정보가 주요 그룹 혹은 여러 이해관계자들에게 중요한가?
- 정보가 지속적으로 중요할 것인가?
- 질문이 어떻게 측정 가능한 용어로 해석될 수 있는가?
- 주어진 재정 및 인적자원하에서 어떻게 그 정보를 획득할 수 있는가?

3. 평가 설계 개발

다음 단계는 평가 설계를 개발하는 것이다. 설계 개발에는 방법론적 접근법과 자료 수집도구를 선택하고 누구를 언제 조사할 것인가를 결정하는 일이 포함된다.

1) 방법론적 접근법 선택하기

설계를 개발하는 데는 두 가지 일반적 방법론적 접근법인 양적 방법과 질적 방법이 대안으로서 자주 고려된다. 수(양적)와 낱말(질적) 사이의 분명한 구별 외에, 평가자들은 양적 및 질적 방법 각각의 장점, 약점, 요구 조건을 알고 있어야 한다. 이는 그들의 목적에 어느 것이 가장 적합한지 결정하는 데 영향을 미치기 때문이다.

2) 누구를 언제 연구할 것인가를 결정하기

평가 설계를 개발하는 데는 또한 샘플링, 비교 그룹 사용, 시기적절성, 순서, 자료 수집 빈도 등의 요인들을 고려해야 한다.

(1) 샘플링

프로그램이 상당히 소규모이고 겨우 몇 명의 참가자와 진행자들에게만 영향을 미치는 드문 경우를 제외하면, 예산상 그리고 관리의 이유로 반드시 정보제공자들의 부분집합만을 다루어야 한다. 그러므로 샘플링은 설계계획을 개발하는 데 논점이 된다. 샘플링에 대한 접근법은 선택한 자료 수집방법의 유형에 종종 영향을 받는다.

양적 연구에 선호되는 샘플링 방법은 평가자가 샘플에서 전체(즉, 전체 프로그램 참가자, 모든 장소, 모든 부모)를 일반화할 수 있게 해 준다. 무작위 샘플링은 이 목적에 적합한 방법인데, 무작위 샘플링이 언제나 가능한 것은 아니다.

샘플링에 대한 가장 일반적인 오해는 대량 샘플이 정확한 성과물을 획득하는 데 최상의 방법이라는 것이다. 샘플이 클수록 샘플링 오류(같은 크기의 다른 샘플을 사용할 경우 상이한 성과물을 얻을 확률)가 줄어드는 것은 사실이다. 그러나 샘플링 오류는 샘플 계획의 건전성에 영향을 미치는 세 가지 오류요소들 중 가장 작은 것이다. 두 가지 다른 오류들―(주로 샘플 단위 부족으로 생기는) 샘플 편향과 ('참' 행동, 특징 혹은 태도를 반영하지 않는 반응이나 관찰을 나타내는) 반응 편향―은 성과물의 타당성을 위험에 빠뜨릴 가능성이 더 높다. 자원 할당을 계획할 때, 설계자들은 더 큰 샘플 선택보다는 샘플 편향과 반응 편향을 감소시키는 절차에 우선순위를 두어야 한다.

(2) 비교 그룹

프로그램 평가, 특히 총괄평가에서 목표는 경험이나 개입이 예상성과를 가져오는가의 여부를 결정하는 것이다. 과제는 그 성과가 나타났음을 보여줄 뿐만 아니라, 그 성과가 다른 어떤 요인이 아니라 개입에 귀착될 수 있음을 주장하는 것이다. 이상적으로 실제 실험(true experiment)에서 동일 집단으로부터 오는 대표들은 치료나 통제 그룹에 임의적으로 지정된다. 이것이 가능하지 않을 때는 인지된 작업성과의 부수적인 감소를 나타내는 다른 설계들이 사용될 수 있다. 평가자들은 그 상황 속에서 무엇이 활동 가능한지, 그리고 작업이 신뢰할 만하다고 인지되려면 무엇이 이루어져야 하는지 결정하면서 조사 설계의 이 특징을 어떻게 다룰지 결정해야 한다.

(3) 시기적절성, 순서, 자료 수집 빈도 그리고 비용

평가질문과 분석계획은 대개 자료를 언제 수집해야 하며 얼마나 자주 다양한 자료 수집계획을 세워야 하는지를 결정한다. 혼합방법 설계에서 만일 양적 자료 수집의 성과가 질적 도구의 구조에 영향을 미친다면(혹은 그 반대라면) 적절한 순서가 중요하다. 대체로 프로그램 평가는 최소한 자료가 프로그램 개입을 시행하기 전과 충분하게 프로그램이 활동된 후의 두 시점에서 수집될 때 가장 강력하다. 프로그램 지속 가능성을 고찰하는 연구들은 적어도 하나의 추가적인 증거 가산점을 필요로 하는데, 그것은 프로그램이 확립된 이후와 초기 재정이 완전하게 갖추어진 이후의 자료들이다.

4. 자료 수집

일단 적합한 정보 수집기술이 결정되면 정보를 모아야 한다. 이때 기술적 및 정치적 문제들이 제기되어야 한다. 자료 수집을 계획할 때는 다음과 같은 여러 가지 고려사항들을 염두에 둔다.

- 필요한 인가 및 승인을 획득하라.
- 응답자들의 욕구와 민감성을 고려하라.
- 자료 수집자들이 적절한 훈련을 받은 뒤 객관적이고 공평한 방식으로 일할 것인지 확인하라.
- 가능한 한 샘플의 많은 구성원들에게 자료를 획득하라.
- 가능한 한 진행 중인 노력에 혼란을 일으키지 말라.

이 다섯 가지 모두가 중요하지만 그중 두 가지는 좀 더 신중해야 한다. 첫째는 자료가 수집되기 전에 필요한 인가 및 승인을 반드시 획득해야 함을 인지하는 것이다. 많은 그룹들, 특히 학교제도에는 학생, 교사, 프로그램에 대한 자료를 수집하기 위한 승인을 얻기 위해서 확립된 절차가 있어야 한다. 여기에는 보고서 복사본을 받거나 검토할 사람들을 확인하고, 자료가 수집될 수 있는 시기를 제한하며, 학생이나 교사의 사적 권리를 보호하기 위한 절차를 만드는 일 등이 포함된다. 이러한 절차가 무엇인지 확인하고 그것을 가능한 한 빨리, 그리고 초기 제안 개발의 일부로 제시하는 것이 중요하다. 협력을 모색하면서 참가자들에게는 성과물들이 논의될 수 있는 워크숍이나 개인적 피드백을 통해 무엇을 배울 수 있는지에 대한 정보를 제공하는 것도 도움이 된다. 만약 이 일이 지나치게 시간을 소모한다면 보고서나 기획서 요약 복사본도 괜찮다. 여기서 중요한 것은 사람이나 단체가 당신의 평가에 참여하려는 시간을 낼 동기를 만들어 내는 것이다.

둘째는 자료 수집자들을 훈련하는 것이다. 늘 신중하게 교육하고 감독해야 하며, 특히 복합자료 수집자들을 이용할 때 더욱 그러하다. 이 훈련에는 그들에게 기술적 능력뿐만 아니라 상호작용할 지역사회의 문화와 규칙(특히 지역사회가 자료 수집자의 지역사회와 다를 경우)에 대한 정보를 제공하는 일이 포함된다. 자료 수집자들은 그들이 상호작용할 사람들의 특징을 파악하여 쌍방향 의사소통과 이해가 최대화되도록 하는 것이 중요하다.

자료 수집자들은 반드시 훈련을 받아서 그들 모두가 같은 방식으로 사물을 보고, 동일한 질문을 하고, 동일한 기호를 사용하도록 해야 한다. 이처럼 평가자 간 신뢰도를 확립하는 것이 중요하다. 예를 들어, 동일한 사건에 대한 자료 수집자들의 등급이나 범주화를 비교했을 때, 평가자 간 신뢰도는 80% 이상이 바람직하다. 잘 훈련된 자료 수집자들이 시간이 지남에 따라 규정된 절차에서 벗어나지 않는지 확인하기 위해 주기적으로 점검하는 것도 잊지 않아야 한다. 훈련에는 실제 과제 수행(데이터베이스에서의 정보 추출, 인터뷰 활동, 관찰활동), 역할극(인터뷰용), 동일 사건에 대한 다른 관찰자들의 기록 비교 등이 포함되어야 한다.

5. 자료 분석

일단 자료가 수집되고 나면 그것을 분석하고 해석해야 한다. 분석 및 해석을 위해 자료를 준비하는 단계들은 자료 유형에 따라 상이하다. 질적 자료 해석은 어떤 경우 서술적 이야기에 제한될 수 있지만, 주제별 코딩이나 내용 분석과 같은 양적 접근법을 사용해 체계적 분석을 하는 질적 자료도 있다. 분석에는 다음과 같은 여러 단계가 포함된다.

- 1단계: 원자료를 확인하고 분석을 준비하라.
- 2단계: 평가 설계를 근거로 초기 분석을 실행하라.
- 3단계: 초기 성과물에 근거하여 추가 분석을 수행하라.
- 4단계: 성과물을 통합하고 종합하라.

초기 분석은 많은 질문들을 유발할 가능성이 많음을 염두에 두어야 한다. 초기 분석계획에서 시작하는 것이 합리적이지만, 초기 분석이 완료된 후에는 새로운 기회들이 반드시 나타난다. 그러므로 이러한 추가 질문들을 제기하기 위해 2차 분석을 수행할 준비를 해야 한다. 나타난 자료 패턴이 탐구해야 할 다른 중요한 방법들을 제시한다면 재분석 주기는 여러 번 반복될 수 있다. 때로 이러한 성과물 중 가장 흥미로운 부분이 기대하지 않았거나 찾지 않았던 자료에서 나오기도 한다. 마지막으로, 분석 작업이 완료될 때를 결정하는 것은 탐구정신과 대비되는 이용할 수 있는 시간과 돈이 안정되었을 때다.

6. 보고서 작성

평가의 다음 단계는 발견한 것을 보고하는 일이다. 이는 수집한 자료를 통합하고, 평가가 원래 제기하기로 되어 있던 질문에 비추어 그 성과를 추출하여 성과를 전달하는 것이다.

공식 보고서는 일반적으로 다음과 같은 6개의 주요 단락을 포함한다.

① 배경
② 평가연구 질문
③ 평가 절차
④ 자료 분석
⑤ 분석결과
⑥ 결론 및 제안

일반적으로 보고서 작성을 평가연구의 마지막 단계라고 생각하지만, 실제 프로그램이 완료되기 전에 상당한 작업을 할 수 있다. 예를 들어, 배경 부분은 대개 평가 설계 문서에 근거할 수 있다. 설계된 연구와 활동된 연구 사이에 미미한 차이를 일으킬 사건이 일부 있겠지만, 대부분의 정보—연구 배경, 제기된 문제, 이해관계자들, 프로그램의 목적 등—는 본질적으로 동일할 것이다. 간단히 작성한 기술적인 보고서는 더 이상 용인될 수 없다. 왜냐하면 성공적인 보고는 전문가들뿐만 아니라 광범위한 일반인들도 이용할 수 있는 정보를 창출하고 제시하는 일에 신중을 기하는 것을 포함하기 때문이다. 전자 미디어를 비롯하여 파생적이고 비기술적인 요약이 정보를 공유하는 중요한 수단으로 점점 더 자리 매김하고 있다.

용어해설

STEM '과학(science), 기술(technology), 공학(engineering), 수학(mathematics)'의 두문자어

타이틀 I(Title I) 1965년 초·중등교육법(Elimentary and Secondary Education Act)을 통해 확립된 프로그램. 주정부에 자금을 제공하고 다시 저소득 가정 출신의 학생 비율이 높은 학교 및 학군에 자금을 분배한다. 학생 성취도를 높이는 것이 목적임

감소 연구 중 정의된 샘플로부터 대상이 줄어드는 것

결과 궁극적 목표 및 목적을 달성하기 위해 나아가는 움직임을 보여 주는 변화. 성과는 갈망하는 성취 혹은 변화를 이름

경쟁적 정의 동일한 용어에 대해 제시된 상이한 해석

구성(construct) 주제 혹은 아이디어. 주요 구성은 한 프로그램이나 개입의 토대가 되는 중심 아이디어를 말함

기준 자료 개입 전 개인 혹은 체제의 조건이나 실적에 대한 사실들

뒤에서부터 그리기(backmapping) 바람직한 성과를 유도하는 단계를 개발하기 위해 과정의 끝에서부터 시작하는 것

메타분석 일련의 관련 연구 가설들을 제기하는 여러 연구들의 성과를 결합시키는 것

반영 활동 혹은 과정에 대해 깊게 생각하는 과정

반응 편향 '참' 행동, 특징 혹은 태도를 반영하지 않는 반응이나 관찰

발판 굳히기 활동이 발생할 토대를 지원 혹은 제공하기

변화이론 대개 프로그램 이론과 같은 뜻으로 사용되며, 프로그램 시작부터 목적 달성까지 발생한다고 가정되는 인과적 연계를 설명

부가가치 한 요소나 성분을 통합함으로써 창출되는 부가적 가치를 말함. 일부 조작의 잔여적 효과

비판적 동료 건설적 비판으로 지원하고 제공하는 조언자 혹은 비평가

사일로 효과(silo effect) 체계의 한 부분으로 사물을 바라보는 것에 반대해서 격리된 것으로 사물을 생각하는 성과나 접근법. 조직 장벽과 부서 이기주의를 의미하는 경영학 용어로, 곡식을 저장해 두는 굴뚝 모양의 창고인 사일로(silo)처럼 조직의 부서들이 서로 다른 부서와 담을 쌓고 내부 이익만을 추구하는 현상을 빗댄 것을 말함(역자 주)

산출 한 활동의 즉각적 성과들로서 한 활동의 실행을 문서화하는 서비스, 사건 그리고 제품을 말함. 산출은 일반적으로 숫자나 비율로 표시됨

상황 프로그램이나 개입이 발생하는 환경의 중요한 특징을 설명함

샘플 편향 주로 샘플 단위 부족으로 야기된 편향

샘플링 오류 같은 크기의 다른 샘플이 사용될 때 상이한 성과가 획득될 가능성

생산물 연구 및 개발에서 나오는 교육학적 과정 혹은 자료

설계단계 한 프로그램, 활동 혹은 생산이 인지되고 계획되는 지점

설명적 평가 어떤 것이 왜 작용하는가(혹은 작용하지 않는가)에 대한 사

정을 목적으로 삼는 평가로, 목표 달성 여부를 검토하는 것 외에 왜 그리고 어떤 조건인가에 대한 이해를 전개하는 것을 포함함

성과 관리 성과에 의한 관리, 즉 체계적으로 활동된 성과 측정의 성과물을 근거로 결정을 내릴 필요가 있음을 강조하는 관리 접근법

실행 활동을 수행하는 행위. 실행은 그것이 계획 가운데 의도된 것을 반영하는 범위에 따라 특징지어질 수 있음

양적 평가 통계적 방법을 이용하여 수치평가 및 자료 분석 사용을 포함하는 평가 접근법

영향력(impact) 개입이나 프로그램으로부터의 성과로서 체계, 지역사회 혹은 조직 안에서 발생하는 의도된 또는 의도되지 않은 변화

욕구 사정 지식, 서비스 혹은 자원의 차이를 결정하기 위해 수행되는 검사

우산 모델 다양한 요소를 포함하기 위한 모델이나 개념 틀

이해관계자 신뢰성, 권력, 혹은 프로그램에 투자한 다른 자본을 가진 개인으로 어느 정도 위험을 감수할 수 있다고 볼 수 있음

적합한 수준 분석이 초점을 맞추는 상세 수준. 적합한 내용은 아주 광범위부터 세밀한 범위를 가짐

전략 명시된 목적을 달성하기 위한 체계적인 행위계획

정부성과관리법(GPRA) 연방기관들이 각 자금을 들인 성과들을 매년 보고하도록 되어 있다. 이 요구사항에는 폭넓은 목표나 전략적 성과, 수행력 성과, 향상 정도가 사정되는 성과지표들을 확립하는 것이 포함된다. GPRA(Government Performance and Results Act)는 누가 자금을 제공하고 누가 일을 하는가를 고려하는 것 이상으로 연방 투자의 성과나 영향에 초점을 둠

조작화 개념, 목표 혹은 성과 진술이 의미하는 개념적 용어를 구체적으로 정의 내리는 것

주요 특징 프로그램, 이론, 생산의 가장 중요한 혹은 가장 우선순위가 높

은 요소

지표(indicator) 프로그램 특징의 조건이나 상태에 대한 정보를 제공하는 측정수단(measure)이며, 경험적으로 기준 변수와 연결된 요인, 변수 혹은 관찰을 말함

질적 평가 주로 설명적 및 해석적인 평가 접근법

책임성 자기 자신의 노력에 대한 지출, 결정 혹은 성과를 정당화하는 책임

체계 목적이나 종료점에 도달하기 위해 서로 상호작용하고 영향을 미친 방식과 모든 부분들을 고려하는 하나의 접근

총괄평가 완성된 프로그램이 명시된 목적을 달성하는 데 성공했는지 사정하는 평가(outcome evaluation, 성과평가라고도 불림)

측정 가능성 제공된 정보가 목적과 목적 달성을 측정하고 해석하는 방법을 확인하기 위한 적절한 기준을 제시하는 범위

치료 새로운 접근법이나 개입. 즉 어떤 것을 조사하는, 특히 다른 집단과 구별될 목적으로 어떤 것을 집단에 적용하거나 제공하는 모든 것

코칭 성과를 관찰하고 지원 및 피드백을 제공하기 위해 일반적으로 비숙련된 사람과 면밀하고도 협동적으로 작업하는 지원기술

탐구 교수법 학생들이 문제를 풀어야 하는 상황을 교사들이 만들어 내는 교습법. 학생들이 이전 지식과 연관시키고, 학습에 자신만의 질문을 가지고, 자신의 질문을 만족시키기 위해 조사하고, 자신의 생각을 시험해 볼 방법을 계획하도록 고안된 수업을 말함

투입 프로그램에 가져온 자원들. 대체적으로 자원은 현금 기여나 현물 기여의 관점에서 정의됨

평가 사고 성공을 측정하기 위해 필요한 일련의 자료의 명확성과 중요한 요소의 조작적 정의를 강조하는 사고방식

평가적 사정 활동 혹은 도달의 관점에서 평가될 만큼 충분한 정보를 가지고 있는지를 결정하는 프로그램 검사법

포트폴리오 다양한 종류의 작업 생산물 모음집

교차 프로그램 분석 동일 프로그램의 복합적 변수에 걸쳐 활동, 결론 혹은 성과를 검토하는 분석

프로그램 이론 개입에 잠재된 가정을 명확하게 만드는 방법. 프로그램 시작부터 목표 달성까지 발생한다고 가정되는 인과적 연계를 설명하고 프로그램이나 정책에 내재한 변화이론을 명확히 정의함

협력학습 개인이 아닌 팀 혹은 다수의 파트너들을 포함하는 학습 및 문제해결에 대한 접근법

형성평가 프로그램 개발과 함께 시작되어 프로그램 진행 중 지속되는 평가. 목적은 진행 중인 프로그램 활동을 사정하고 그 프로그램을 감시하고 향상시키는 정보를 제공하는 것이다. 형성평가는 수행평가를 포함하는데, 이는 한 프로그램이 얼마나 잘 수행되고 있으며 그것이 계획된 대로 수행되고 있는지를 살펴본다. 그리고 진행평가는 중간 기준 평가를 포함하여 한 프로그램이 그 목적을 만족시키면서 얼마나 잘 진행되고 있는지를 고찰함

활동 바람직한 성과를 야기하기 위해 프로그램에서 수행되는 행위들

출처

Frechtling, J. (ed.). *User Friendly Handbook for Project Evaluation*. Arlington,Va.: National Science Foundation, 1993.

Scriven, M. *Evaluation Thesaurus* (4th ed.). Thousand Oaks, Calif.: Sage, 1991.

Wikipedia [http://en.wikipedia.org].

참고문헌

Callow-Heusser, C., Chapman, H., and Torres, R. *Evidence: An Essential Tool*. Prepared for National Science Foundation under grant EHR-0233382. Apr. 2005.

Connell, J., and Kubisch, A. "Applying a theory of Change Approach to the Evaluation of Comprehensive Community Initiatives: Progress, Prospects, and Problems." In K. Anderson, A. Kubisch, and J. Connell (eds.), *New Approaches to Evaluating Community Initiatives*. Washington, D.C.: Aspen Institute, 1998.

Cook, T. "The False Choice Between Theory-Based Evaluaition and Experimentation." In A. Petrosino, P. Rogers, T. Huebner, and T. Hacsi (eds.), *Program Theory in Evaluation: Challenges and Opportunities*. New Directions for Evaluation, no. 87. San Francisco: Jossey-Bass, 2000.

Huebner, T. "Theory-Based Evaluation: Gaining a Shared Understanding Between School Staff and Evaluators." In A. Petrosino, P. Rogers, T. Huebner, and T. Hacsi (eds.), *Program Theory in Evaluation: Challenges and Opportunities*. New Directions for Evaluation, no. 87. San Francisco: Jossey-Bass, 2000.

W. K. Kellogg Foundation. *Using Logic Models to Bring Together Planning, Evaluation, and Action: Logic Model Guide*, 2000. Battle Creek, Mich.: W. K. Kellogg Foundation, 2000.

W. K. Kellogg Foundation. *Logic Model Development Guide*. Battle Creek, Mich.: W. K. Kellogg Foundation, 2000.

Kleiner, B., and others. *The Evaluation of the Appalachian Regional Commission's Capacity-Building Projects*. Rockville, Md.: Westat, 2004.

Leonard, A., and Beer, S. *The systems Perspective: Methods and Models for the Future.* Manuscript from the AC/UNU Millennium Project, 1994.

McLaughlin, J., and Jordan, G. "Using Logic Models." In J. Wholey, H. Hatry, and K. Newcomer (eds.), *Handbook of Practical Program Evaluation.* San Francisco: Jossey-Bass, 2004.

Rogers, P., Pertosino, A. Huebner, T., and Hacsi, T. "Program Theory Evaluation: Practice, Promise, and Problems." In A. Petrosino, P. Rogers, T. Huebner, and T. Hacsi (eds.), *Program Theory in Evaluation: Challenges and Opportunities.* New Directions for Evaluation, no. 87. San Francisco: Jossey-Bass, 2000.

Stufflebeam, D. Evaluation Models. New Directions for Evaluation, no. 89. San Francisco: Jossey-Bass, 2001.

Uusikyla, P. and Valovirta, V. "Three spheres of Performance Governance: Spanning the Boundaries from Single-Organisation Focus Towards a Partnership Network." Paper presented at Conference of the European Group of Public Administraion, Ljubljana, Slovenia, Sept. 2004.

Weiss, C. H. "Nothing as Practical as a Good Theory." In J. Connell, A. Kubisch, L. B. Schorr, and C. H. Weiss (eds.), *New Approaches to Evaluating Community Initiatives.* New York: Aspen Institute, 1995.

Weiss, C. H. "Theory Based Evaluation: Past, Present and Future." In D. J. Rog and D. Fournier (eds.), *Progress and Future Directions in Evaluation: Perspectives on Theory, Practice, and Methods.* New Directions for Evaluation, no. 76. San Francisco: Jossey-Bass, 1997.

Weiss. C. H. "Which Links in Which Theories Shall We Evaluate?" In A. Petrosino, P. Rogers, T. Huebner, and T. Hacsi (eds.), *Program Theory in Evaluation: Challenges and Opportunities.* New Directions for Evaluation, no. 87. San Francisco: Jossey-Bass, 2000.

Wholey, J. S. *Evaluation: Promise and Performance.* Washington D.C.: Urban Institute, 1979.

Wholey, J. S. *Evaluation and Effective Public Management.* New York: Little, Brown, 1983.

Wholey, J. S. "Clarifying Goals, Reporting Results." In D. J. Rog and D. Fournier (eds.), *Progress and Future Directions in Evaluation: Perspectives on Theory, Practice, and Methods.* New Directions for Evaluation, no. 76. San Francisco: Jossey-Bass, 1997.

찾아보기

‖ 인 명 ‖

‖ 내 용 ‖

저자 소개

Joy A. Frechtling은 웨스타드 교육연구 그룹(Westat's Education Studies Group)의 부회장 겸 부관장이다. 30년 이상 교육평가를 실시하고 모든 레벨의 교육 시스템을 다루어 본 그녀는 조기교육, 수학 및 과학 교육, 교육개혁, 평가, 전문적 개발 등을 포함하는 다양한 리서치 영역에서 일해 왔다. 그녀는 미국평가협회(American Evaluation Association)와 미국교육리서치협회(American Educational Research Association)의 회원이며, 이 협회 내의 학교 평가와 프로그램 발달 분야에서 서기와 부회장직을 역임했다. 그녀는 조지워싱턴 대학교에서 발달심리학으로 박사학위(Ph.D.)를 받았다.

역자 소개

• 지은구

계명대학교 사회과학대학 사회복지학과 교수

〈주요 저서 및 역서〉

『사회복지경제학연구』(청목출판사, 2003)

『사회복지프로그램 개발과 평가』(학지사, 2006)

『사회복지재정연구』(집문당, 2010)

『복지국가의 바우처』(역, 학지사, 2010) 외 다수

• 장현숙

계명대학교 사회과학대학 사회복지학과 강사

• 정효미

서남대학교 사회과학대학 사회복지학과 교수

프로그램 평가와 로직모델

Logic Modeling Methods in Program Evaluation

2012년 3월 15일 1판 1쇄 인쇄
2012년 3월 20일 1판 1쇄 발행

지은이 • Joy A. Frechtling
옮긴이 • 지은구 · 장현숙 · 정효미
펴낸이 • 김진환
펴낸곳 • (주) 학지사
121-837 서울특별시 마포구 서교동 352-29 마인드월드빌딩 5층
대표전화 • 02)330-5114　　팩스 • 02)324-2345
등록번호 • 제313-2006-000265호

홈페이지 • http://www.hakjisa.co.kr
커뮤니티 • http://cafe.naver.com/hakjisa

ISBN 978-89-6330-864-7 93330

정가 14,000원